István Tatár
Mein 20. Jahrhundert

Forum Kultur
Herausgegeben von Heinz Fennekold

in der Reihe

Brückenschlag
Die Harald-Koch-Buchreihe
der Auslandsgesellschaft NRW

Band 5

István Tatár

Mein 20. Jahrhundert – Leben und Gedanken eines ungarisch-jüdischen Intellektuellen

Memoiren der Widersprüche – Nachdenkliches zur Geschichte

ATHENA

Bibliografische Information der Deutschen Bibliothek

Die Deutsche Bibliothek verzeichnet diese Publikation
in der Deutschen Nationalbibliografie; detaillierte bibliografische
Daten sind im Internet über <http://dnb.ddb.de> abrufbar.

1. Auflage 2006

Copyright © 2006 by ATHENA-Verlag,
Mellinghofer Straße 126, 46047 Oberhausen
www.athena-verlag.de
Alle Rechte vorbehalten
Umschlagfoto und -entwurf: Mina Hassanijani, Dortmund
Lektorat: Ulrike Schöber, Dortmund
Druck und Bindung: Wulff GmbH Druck & Verlag, Dortmund
Gedruckt auf alterungsbeständigem Papier (säurefrei)
Printed in Germany
ISBN-13: 978-3-89896-248-3
ISBN-10: 3-89896-248-2

Es ist sehr leicht, im nachhinein klug zu sein.
Trotzdem: Von Politikern, die den Mut haben, Länder zu regieren
und dadurch die Zukunft zu gestalten, wäre zu erwarten,
daß sie die nahe Zukunft voraussehen können.
Zwischen 1920 und 1933 sind nur zwölf Jahre verstrichen.

Inhalt

Einleitung

Ich wurde am 6. September 1920 in Budapest geboren. Drei Monate früher, am 4. Juni 1920, wurde der »berüchtigte« Trianon-Vertrag unterzeichnet, der Friedensvertrag mit Ungarn. Irgendwie verlief mein ganzes Leben bis heute im Zeichen dieses Vertrages und litt unter dessen Folgen.

Vielleicht ist es ein wenig überraschend, ja sogar anmaßend, wenn ich meinen Lebenslauf mit einer Darstellung der Weltgeschichte beginne. Dennoch glaube ich, es ist keine Aufschneiderei. Ich geriet im Laufe meines Lebens zu der Überzeugung, daß alles, was einige Jahre vor meiner Geburt und nachher in Europa geschah, mein persönliches Leben in unmißverständlicher Weise mittelbar und unmittelbar beeinflußte, daß mein eigenes Leben für mich selbst ein Rätsel bleiben müsse, wenn ich das Kraftfeld der Region, den »weiten historischen Hintergrund« – um ein Gleichnis aus der Physik zu nehmen –, nicht berücksichtigen würde. Dieses Kraftfeld ist noch heute lebendig. Es umfaßte das ganze 20. Jahrhundert, hat sogar seine Ausstrahlung weit in das 21. hinein. Das noch junge 21. Jahrhundert übernahm viele schwerwiegende Lasten des 20. Jahrhunderts, deren Gefahrenpotential sich im 11. September 2001 und in späteren Terroranschlägen widerspiegelt. Diese Gefahren bedrohen das Leben meiner Enkelkinder, deshalb muß ich mich damit befassen, obwohl dieses Buch von meinem Leben handeln soll. Die Zukunft wird aber nicht nur in der Gegenwart, sondern bereits in der Vergangenheit gestaltet – ob zielbewußt oder ungewollt.

In der folgenden Schilderung versuche ich, zu erklären, wie die Weltgeschichte und die Entwicklungen in

Ungarn das persönliche Leben des Einzelnen, darunter mein eigenes, und das meiner engsten Verwandten in früher unvorstellbarer Weise – mal tödlich, mal lebensgefährlich – beeinflußte. Ich bin zwar kein Geschichtswissenschaftler, doch die Spuren der tragischen Vergangenheit dieses Landes lassen sich bis in die Gegenwart verfolgen.

Es ist ein Gemeinplatz, daß ohne die Kenntnis der Vergangenheit die Gegenwart nicht zu verstehen ist und daß ohne die genaue Kenntnis der Gegenwart die Zukunft nicht richtig gestaltet werden kann. Ich muß zu meinem Bedauern tagtäglich feststellen, daß die historische Wende vor 15 Jahren, die unglaublich schnell und unerwartet stattgefunden hat, in der ungarischen Bevölkerung immer noch nicht entsprechend erfaßt und verarbeitet wurde. Das plötzliche Erscheinen der freien Marktwirtschaft hat breite Massen völlig überrascht und in die Armut geschleudert, zu deren Überwindung 15 Jahre nicht ausreichten. Wenn jemand vor – sagen wir – 25 Jahren vorausgesagt hätte, daß Deutschland noch im 20. Jahrhundert wiedervereinigt wird, daß die Sowjetunion ohne Blutvergießen und fast von einem Tag auf den anderen zerfällt und daß in Ungarn NATO- und US-Stützpunkte errichtet werden, hätte man ihn – im besseren Fall – einen kranken Illusionisten, im schlimmsten aber einen Agent provocateur genannt und sofort aus dem öffentlichen Leben entfernt und in »entsprechende« Anstalten verschleppt.

Das ungarische Volk war also auf diesen schnellen Prozeß nicht vorbereitet. Es entstand ein Vakuum in vielen Bereichen des Lebens. Die Bevölkerung wurde mit früher unbekannten Erscheinungen konfrontiert wie Massenarbeitslosigkeit, Inflation, leichtsinniger Vergeudung wichtiger Staatsgüter, unerhörter Zunahme der

Kriminalität, mit einer Flut von dümmster Reklame und mit törichten Actionfilmen in den privaten Medien, mit Rauschgifthandel und vielem anderen. Das alles führte zu harten innenpolitischen Auseinandersetzungen bei uns.

Die weltpolitischen Ereignisse beeinflußten also immer erheblich das Schicksal des Landes, das – auch in den Zeiten der faschistischen Mörder – meine Heimat war und ist.

Der Erste Weltkrieg

Man kann die Geschichte des 20. Jahrhunderts aus den verschiedensten Blickwinkeln analysieren und prüfen, Schriften, Dokumente und Aussagen der Zeitgenossen lesen: Der Eindruck wird unausweichlich, daß mit dem Jahr 1914 eine verhängnisvolle geschichtliche Tendenz ihren Anfang nahm, die mit ihrem Abdruck nicht nur das Leben der gesamten Menschheit prägte, sondern Zweifel über das langfristige Dasein des »Homo sapiens« aufkommen ließ. Diese Zweifel bekräftigen die apokalyptischen Ereignisse des Zweiten Weltkrieges, der 40 Jahre lang dauernde Kalte Krieg und die empörende Vernachlässigung der Umwelt. Auch die Anfangsjahre des 21. Jahrhunderts haben nicht zur Beruhigung beigetragen.

Vier Jahre lang dauerte das Ringen: Einerseits stampfte voll Ungeduld das seit dem Sieg über Frankreich in Sedan im Jahre 1870 mit preußischer Disziplin regierte Deutsche Kaiserreich: Deutschland, das seit dem Dreißigjährigen Krieg in der Entwicklung nachhinkte, holte jetzt den industriellen Rückstand gegenüber Großbritannien und Frankreich mit unglaublichem Schwung und Talent nach und sehnte sich nach einem größerem Einfluß auf die Weltgeschichte. An Deutschlands Seite stand der Vielvölkerstaat Österreich-Ungarn unter der überholt zentralistisch regierenden Habsburger Herrschaft, jene k. u. k. Monarchie mit ihren schwierig zu zähmenden nationalen Spannungen und den Unabhängigkeit begehrenden Sprachinseln. Ihnen schlossen sich später das verkrustete Osmanische Reich und Bulgarien an. Dies waren also die Mittelmächte.

Die andere Seite bildeten die Entente-Mächte: Zunächst die Entente cordiale aus Großbritannien und Frankreich, also aus dem Vereinigten Königreich, das mit Hilfe von Unternehmungslust, weltweit starker Kriegsmarine, geschickter Diplomatie und Gerissenheit das britische Kolonialweltreich zustande gebracht hatte und von seiner zivilisatorischen Mission überzeugt war, und aus Frankreich mit der Sehnsucht nach der glorreichen Napoleonischen Vergangenheit, deren Ruhm bei Sedan verschwand. Ihnen schloß sich das russische Zarenreich mit der Hauptstadt Sankt Petersburg an, das seit 150 Jahren unnachgiebig seine Macht auszudehnen suchte. Während des Krieges kamen die Alliierten und Assoziierten Mächte hinzu: Japan, Italien und die USA.

Voilà, das war also das »Spiel« der Großmächte um Märkte, Einflußbereiche und nationale Größe, getarnt mit Parolen über Freiheit, Selbstbestimmung und Gott weiß, was für attraktive Ziele – gesegnet von den Kirchen beider Seiten gegen die jeweils andere Seite und im Gegensatz zu der christlichen Lehre über Liebe und Solidarität. Dieses »Spiel«, das Europa im 20. Jahrhundert zum Kontinent zweiten Ranges demütigte und in einen nie vorgestellten Abgrund schleuderte, stellte zwischen 1914 und 1918 als Erster Weltkrieg schließlich das Vorspiel zum Zweiten Weltkrieg dar.

Die eventuelle militärische Überlegenheit der Mittelmächte erschreckte Großbritannien und bewog die englische politische Elite, mit den verschiedensten Argumenten wie Interessensgemeinschaft, einstiges Mutterland etc. die Vereinigten Staaten von Amerika auf ihre Seite zu ziehen. Die USA erkannten die großen Chancen der sogenannten Neuen Welt, im Schauspiel der Völker die erste Stelle zu erobern, und entschieden den Kampf zugunsten der Entente-Mächte.

Die Tragödie meiner Heimat und deren Auswirkungen auf mein Leben sind nach 1920 offensichtlich. Mein Leben, bzw. das meiner Angehörigen, war infolge unserer jüdischen Herkunft darüber hinaus noch durch den wahnsinnigen Nazieinfluß nach 1938 verheerend betroffen.

Oft habe ich darüber nachgedacht, was eigentlich das Ziel der »Friedensorganisatoren« 1919 und 1920 in Paris gewesen sein mag? Was haben sie vorausgesehen und was hätten sie voraussehen müssen, um einen gerechten und dauerhaften Frieden zu schaffen? Was für kleinliche menschliche Schwächen beherrschten die Pariser Verhandlungsdelegationen, die nach diesem verheerenden Krieg einen festen, stabilen Frieden für lange Zeit schaffen wollten und deren »Werk« ganz anders ausfiel? Ist es eine übermenschliche Forderung, nachträglich von Clemenceau, Masaryk, Lloyd George und anderen zu erwarten, daß man tiefer in die »Kristallkugel« hätte schauen müssen, frei von Vorurteilen? Daß man die nationale Selbstsucht auch der Besiegten hätte berücksichtigen müssen, damit dieses verfluchte Jahrhundert nicht die Bestätigung der Prophezeiung von Oswald Spengler werde: »Untergang des Abendlandes«?

Winston Churchill schrieb in der Einleitung seines umfangreichen und berühmten Werkes »The history of the Second World War« im Kapitel »From War to War« über die Pariser Friedensverträge unter anderem »we entered upon that period of exhaustion, which has been described as Peace«. (»Wir traten in jene Zeit der Erschöpfung, die als Frieden bezeichnet worden ist.«) Im gleichen Kapitel schreibt Churchill »the victors should do all that is possible to reconcile the defeated nation to its lot by acts of benevolence«. (»Die Sieger sollten alles in ihrer

Macht Stehende tun, um die unterlegene Nation durch wohlwollende Taten mit ihrem Los zu versöhnen.«)

Diese Zitate deuten darauf hin, daß die Sieger – unbewußt – zu der vollständigen Zugrunderichtung des Jahrhunderts am Verhandlungstisch beigetragen haben und die Ehrenbezeichnung »Staatsmänner« nachträglich zu meinem Bedauern nicht verdient haben. Die Folgen begleiteten das ganze Jahrhundert, das Leben der Völker Europas, der Sieger und Besiegten gleichermaßen. Damit will ich selbstverständlich nicht im geringsten die »Besiegten« in Schutz nehmen mit ihren krankhaften Haßanfällen und Versuchen, die Geschichtsschreibung zu fälschen und ihre späteren Taten mit all ihren Sünden und Fehlern irgendwie auf die Schultern der Sieger zu schieben.

Am 4. Juni 1920 fand die Unterzeichnung des Friedensvertrages in Paris mit Ungarn statt. Die Unterzeichnung erfolgte in einem der Trianon-Schlösser in Versailles. Der Name Trianon ist nach wie vor in Ungarn – schon fast hundert Jahre nach diesem Ereignis – das Symbol der Demütigung und Verstümmelung des Landes. Ungeachtet der Ursachen ist es ein Faktum, daß das Land mehr als 60% seines ursprünglichen Hoheitsgebietes abtreten mußte: Transsilvanien an Rumänien, das gesamte Oberungarn an die heutige Slowakei … Das Hoheitsgebiet des Königreiches Ungarn betrug vor dem Krieg 282.870 km^2. Durch den Trianon-Vertrag schrumpfte das Land auf 92.963 km^2. In den abgetretenen Gebieten blieben 3,2 Millionen Ungarn.

In der Umgangssprache bezeichnet man bei uns diesen Friedensvertrag noch immer als »Trianon-Diktat«. Dieser Ausdruck entsprach und entspricht der Gesinnung der Bevölkerung. Auch ich war dieser Meinung, nicht nur durch die Erziehung der Schule, sondern schon aufgrund der Ansichten meiner Eltern. Sie verurteilten heftig die Verstümmelung des Landes.

Die Geschichtswissenschaft behandelt und beurteilt – nach so vielen Jahren einschließlich des Zweiten Weltkrieges – die Hintergründe der Siegermächte objektiver als damals. Die Ungerechtigkeit von Trianon war brennend, trotz der bekannten Tatsache, daß es einerseits die Folge der militärischen Niederlage der Mittelmächte war und andererseits – unbefangene Wissenschaftler behaupten das mit Nachdruck – die Folge von weit in die vergangenen Jahrhunderte zurückreichenden Unabhängigkeitsbestrebungen der nationalen Minderheiten. Besonders zu nennen wäre die auf sie ausgeübte Politik der »dualen« Monarchie, die einem »Dritten«, zum Beispiel den Tschechen, den Eintritt nicht gewährte.

Die sogenannte »Aussöhnung« zwischen dem ungarischen Adel und der Habsburg-Herrschaft fand im Jahre 1867 statt und sicherte dem ungarischen Adel die politische Überlegenheit im Königreich Ungarn gegenüber den nationalen Minderheiten. Wenn man diese zuletzt genannte Tatsache objektiv zur Kenntnis nimmt, so bleibt es trotzdem empörend, daß die Siegermächte, zusammen mit den mehr oder weniger zu Recht unzufriedenen nationalen Minderheiten auch mehrere Millionen Menschen, deren Muttersprache die ungarische war, von einem Tag zum anderen in einen fremden Staat hinüber geworfen hatten – trotz der Propaganda vom »Selbstbestimmungsrecht der Völker«. Dieser Leichtsinn und die Verantwortungslosigkeit gegenüber der Zukunft zeigten ihre verheerenden Auswirkungen nach 1933 in Deutschland, bzw. nach 1938 in Ungarn.

Die Folgen des Trianon-Vertrags ließen uns junge Schüler zwischen 1930 und 1938 verzweifeln. Wir mußten zweimal am Tag beten. Das Gebet lautete: »Ich glaube fest an einen Gott, ich glaube fest an eine Heimat, ich glaube fest an eine ewige göttliche Gerechtigkeit, ich glaube fest an die Auferstehung von Ungarn. Amen.« Meine Gefühle waren den Äußerungen eines englischen Geschäftsfreundes ähnlich, dem ich im Jahre 1966 in Stockport einmal sagte: »Sir, the British Empire does not exist any more!« Seine Antwort war: »Unfortunately, this is true. However, I regret it.« Das ungarische Reich existierte nicht mehr zur Zeit meiner Geburt, aber ich habe es bedauert.

Heute, während ich diese Zeilen schreibe, ist der 4. Juni 2005, der 85. Jahrestag der Unterzeichnung dieses Friedensvertrags von Trianon und ich stelle fest, daß die Nation ihn noch immer als einen Albtraum empfindet. Er bietet gewissen politischen Kreisen die Gelegenheit, die Gefühle einzelner Schichten aufzupeitschen, trotz der Äußerungen hervorragender Geschichtsprofessoren und Wissenschaftler, die den schwerwiegenden Jahrhundertprozeß erläutern, der zu diesen tragischen Ereignissen führte. Man könnte hoffen, daß die Mitgliedschaft in der Europäischen Union die Wunden der Geschichte heilt, aber das Hin und Her um die Verfassung der EU weckt Zweifel und erinnert an »die Botschaft hör ich wohl, allein mir fehlt der Glaube«.

Kindheit und Jugend

Ich wurde am 6. September 1920 in Budapest geboren. Meine Mutter, geborene Aranka Weiß, war gebürtige Wienerin (1892). Ihre Mutter, meine Großmutter, war Österreicherin jüdischer Religion. Sie heiratete einen Ungarn in Wien, meinen Großvater. Sie zogen Anfang des 20. Jahrhunderts von Wien nach Budapest. Die Großmutter starb vor meiner Geburt. Von meiner Mutter weiß ich, daß die Großmutter nie ungarisch sprach. Meine Mutter, als Kind in Wien, sprach erst deutsch und in Ungarn lernte sie dann ungarisch. Die ungarische Sprache wurde im Grunde ihre zweite Muttersprache.

Mein Großvater mütterlicherseits hatte ein unglückliches Leben. Kurz nach seinem Wegzug von Wien wurde er krank und starb in einer Budapester Irrenanstalt.

Meine Mutter hatte einen Bruder, Fritz Weiß, der ebenfalls in Wien im Jahre 1890 geboren wurde. Er war also etwa zwei Jahre älter als meine Mutter. Onkel Fritz spielte eine große Rolle in unserem Familienleben und auch für meinen beruflichen Werdegang. Er hatte später eine sehr hohe Stellung in der ungarischen Industrie inne, denn er war praktisch der Gründer der größten ungarischen Glasfabrik, die in den 1930er Jahren ihre Blütezeit erlebte.

Meine Mutter hatte auch einen Halbbruder, Onkel Emil, der mehrere Jahre älter als sie und als Onkel Fritz war. Er blieb in Österreich, heiratete eine Wienerin, die nach dem Anschluß in die Ukraine nach Kamenec Podolsk deportiert und dort umgebracht wurde, zusammen mit vielen anderen Juden aus Österreich, Ungarn und der Ukraine. Onkel Emil verschwand im Zweiten Weltkrieg, über sein Schicksal weiß ich gar nichts.

Mein Vater wurde am 1. August 1881 in dem ungarischen Dorf Apc-Zagyvaszántó geboren. Dieses Dorf war hauptsächlich von Schwaben bewohnt. Wie mein Vater erzählte, sprachen die Kinder in der Schule eine schwäbisch-ungarische Mischsprache, und der Lehrer hatte einen starken schwäbischen Akzent. Es ergaben sich lustige Schulaufgaben bei der Übersetzung einiger berühmter Gedichte großer ungarischen Dichter (Petőfi, Arany etc.) ins Deutsche und umgekehrt. Die Komik der Wörter in den übersetzten Texten hatte bei den Kindern großes Gelächter hervorgerufen.

Da meine Großeltern väterlicherseits in der westungarischen Industriestadt Győr lebten, hat mein Vater seine Studentenjahre in dieser Stadt verbracht. Seine Eltern besaßen dort eine Schokoladenfabrik, über deren weiteres Schicksal ich nie etwas hörte. Mein Vater war in den Jahren zwischen 1914 und 1918 Oberleutnant in der k. u. k. österreichisch-ungarischen Armee. Er kam vor Kriegsende verwundet nach Hause. Aus der Kinderzeit blieben einige Soldatenlieder in meinem Gedächtnis, die mein Vater oft auf deutsch gesungen hat. Als zum Beispiel Rumänien den Neutralitätsvertrag verletzte und die Monarchie angriff, verlangte die k. u. k. Heeresleitung deutsche Hilfe und Mackensens Truppen kamen nach Transsilvanien. Lieder aus dieser Zeit, die er gesungen hat, blieben in meinem Gedächtnis. Er machte auch Scherze über die Berichte der k. u. k. Heeresleitung, wie man Niederlagen veröffentlicht hat – zum Beispiel nach einem russischen Erfolg gegen die Monarchie in den Karpaten, lautete die Wiener Meldung: »... dem gegenüber steht die Einnahme von Belgrad!« Mein Vater nannte das eine »vor-Goebbelsche Übung!«

Meine Eltern heirateten am 2. März 1919, einen Tag vor der Machtergreifung der sogenannten »Räteregierung«, nachdem Mihály Károlyi, der erste Präsident der Republik nach dem Zerfall der k. u. k. Monarchie im Herbst 1918 abdankte und die Macht den Kommunisten unter der Herrschaft von Béla Kun überließ. Damit begann die ein paar Monate lang dauernde »Rote Diktatur«, die etwa im August 1919 von der »Gegenrevolution« und der ins Land einmarschierenden rumänischen Armee gestürzt wurde.

Die dem Herbst 1918 folgenden Machtwechsel werden bezeichnet:

- »Herbstrosenrevolution«: Sozialdemokraten und bürgerliche Liberale kommen an die Macht, die große Hoffnungen auf die Wilsonschen Prinzipien in puncto »Selbstbestimmungsrecht der Nationen« setzten, was sich später als naive Gutgläubigkeit erweisen sollte.
- »Räteregierung«: kommunistische Diktatur (21.3.–1.8.1919)
- »Weißer Terror«: Rechtsextremisten an der Macht, ab Ende August 1919. Der frühere Admiral der k. u. k. Flotte, Miklós Horthy, wird vom gegenrevolutionären Parlament zum Reichsverweser gewählt.

In der Räteregierung waren einige Mitglieder jüdischer Herkunft. Die Gegenrevolution hatte diese Tatsache an die große Glocke gehängt, und es gab landesweit antisemitische Ausschreitungen. Es waren die Jahre der Weimarer Republik und mein Vater sagte: »So etwas kann in Deutschland nicht passieren!« Meine Eltern, entsetzt von den Judenpogromen, ließen mich nicht beschneiden. Sie waren nicht gläubig, und die Feindseligkeiten trugen zu ihrem Entschluß bei. Meine Mutter bezeichnete die Zeit der Räteregierung als »Periode des Graupenessens«, das war ihre kritische, vielsagende Beurteilung der ungarischen »Roten Diktatur« 1919.

In den 20er Jahren war es in den ungarischen Großstädten bei bürgerlichen Familien, besonders bei jüdischen Familien, Mode, junge österreichische Frauen zwischen 20 und 28 Jahren für ein bis zwei Jahre nach Ungarn einzuladen, damit die Kinder von ihnen spielend deutsch lernen sollten. Ich war etwa fünf Jahre alt, mein Bruder Georg etwa drei, als meine Eltern ein sympathisches junges Mädchen aus Linz auf zwei Jahre eingeladen hatten. Sie wohnte bei uns, war quasi Familienmitglied. Außer Quartier und Verpflegung bekam sie auch ein bescheidenes Gehalt. Von ihr lernte ich deutsche Gebete, die ich bis heute nicht vergessen habe. (»Müde bin ich, geh zur Ruh ...«).

Der Bücherschrank meiner Eltern war voller deutscher Bücher. Der eintretende Gast sah auf den ersten Blick den Einfluß der deutschen Kultur neben der ungarischen. Meine Mutter hatte Wiener Wochenmagazine abonniert, die Velhagen Hefte, mein Vater las die Wiener Presse. Taschenausgaben der großen deutschen Philosophen waren verschlissen vom vielen Lesen, darunter Kant, Schopenhauer und Hegel.

Mein Vater war ein kulturell hochgebildeter und tiefgründig denkender Mann. Den Zerfall der k. u. k. Monarchie sowie die Verstümmelung Ungarns hat er tief verurteilt. Ich sehe seine Gestik noch heute, 65 Jahre nach seinem Tod, ganz lebhaft vor mir. Ich erinnere mich gut, daß mein Vater mir das Problem des »Dings an sich« aus Kants »Kritik der reinen Vernunft« auf deutsch vorgelesen hatte und nachher versuchte, es mir zu erläutern – ich war damals 16 oder 17 Jahre alt. Besonders gefiel ihm die Philosophie von Schopenhauer, sein berühmtes Werk »Die Welt als Wille und Vorstellung« hatte er sehr oft in der Hand. Auch den französischen Philosophen Voltaire zitierte mein Vater häufig, besonders seine antiklerikalen Ausbrüche. Er sprach verhältnismäßig gut Französisch.

Ich bekam nach dem erfolgreichen Abitur dekorierte Goethe- und Schiller-Ausgaben, selbstverständlich in gotischen Buchstaben. Einige Werke von Nietzsche, wie »Zarathustra«, »Wille zur Macht, »Der Fall Wagner« etc., standen im Bücherschrank ganz vorne. Später auch Thomas Manns »Buddenbrooks, Verfall einer Familie«. Mein Vater sagte oft: »Berlin ist das Kulturzentrum der Menschheit.« Das war in den letzten Jahre der Weimarer Republik! Im Sommer 1932 waren meine Eltern in großer Aufregung. Sie saßen am Radio und wollten den Ausgang der Präsidentschaftswahlen in Deutschland wissen. Alle atmeten wir auf, als Kanzler Brüning den Sieg von Hindenburg meldete. Er begann mit den Worten: »In den schicksalsschweren Stunden ...«

Die geschilderte deutschfreundliche Einstellung meiner Eltern schlug nach Hitlers Machtergreifung fast vom einen Tag zum anderen um, diese Wende konnte ich als Kind natürlich nicht begreifen.

Meine Mutter war eine sehr fleißige Frau, die dadurch, daß mein Vater als Rechtsanwalt nur eine geringe private Klientel hatte, für die Familie Nebeneinnahmen sichern mußte. Die finanziellen Schwierigkeiten der Familie wurden auch durch eine schlechte Gewohnheit meines Vaters vergrößert: Er kaufte maßlos Bücher auf Kredit, den er nur sporadisch tilgen konnte. Der Zwangsvollstrecker war kein seltener »Gast« bei uns. Und nach der Scheidung meiner Eltern 1937 war meine Mutter auf ihre Einnahmen stark angewiesen. Wir, die beiden Kinder, blieben bei der Mutter.

Meine Freunde und Arbeitskollegen stellen mir oft die Frage, wie war es mit der Religion im Familienkreis? Mein Vater beurteilte das Verhalten aller Kirchen negativ, auch das der jüdischen Gemeinde. Seine Einstellung rührte aus der Überzeugung, daß die christlichen Kirchen nichts energisch gegen die Nazi-Ideologie unternahmen, sondern sich feig zurückzogen. Da meine Mutter die größten jüdischen Feiertage respektierte (zum Beispiel Jom Kippur), nahm mein Vater seine beiden Söhne mit ins Kaffeehaus, um etwas zu essen. Die Streiterei darum zuhause ist mir noch gut in Erinnerung.

Wir erhielten in der staatlichen Realschule, die das Gewicht im Unterricht auf die Vorbereitung für die technischen Hochschulen legte, um werdende Ingenieure zu erziehen, (abweichend vom Gymnasium, wo das Hauptgewicht auf die sogenannte humanistischen Inhalte gerichtet war), wie überall eine starke patriotische Erziehung. Die humanistischen Stoffe wie ungarische Literatur und Geschichte erzogen die Jugend zur heißen Liebe für das Vaterland, zum Haß gegen den Friedensvertrag und gegen die »Gebietsräubernachbarn«. Etwa bis 1936/37 spürte ich keinen offenen Judenhaß in der Schule, weder durch die Lehrer, noch durch Schulkameraden. Alle waren wir einig in der Verdammung des »Trianon-Diktats«.

Der deutsche Unterricht in den Schulen war streng, fast jeden Tag hatten wir Deutschstunde. Man forderte auch die Kenntnis der deutschen Grammatik. Trotzdem verließen nur wenige die Schule mit guten Sprachkenntnissen. Soweit ich mich erinnere, verhielt es sich damit genauso, wie mit anderen gängigen Schulfächern und viele Jahrzehnte später mit dem russischen Unterricht: Alles was mit einem »Muß« verbunden ist, stößt bei vielen Kindern auf Mißmut.

Es bedürfte einer ausführlichen, unbefangenen Kenntnis und Prüfung der ungarischen Geschichte fast bis zum Mittelalter zurück, um die Ursachen des Antisemitismus in meiner Heimat zu analysieren. Die Emanzipation der Juden im Habsburger Kaiserreich begann mit Kaiserin Maria Theresia. Ich bin kein Fachmann der Geschichte und vermeide daher, mich auf Einzelheiten einzulassen. Ich möchte bloß darauf hinweisen, daß die militärische Niederlage, Revolutionen und ein ungerechter, darüber hinaus politisch törichter Friedensvertrag nach 1918 erheblich dazu beitrugen, einen Sündenbock für alle die Schicksalsschläge zu suchen und zu finden. Es war leicht, eine wehrlose Minderheit – wie seit Jahrhunderten die Juden – dafür verantwortlich zu machen. Man muß jedoch feststellen, daß es vor Hitlers Machtergreifung selten direkte antisemitische Ausschreitungen gab, mit Ausnahmen in der Periode des »Weißen Terrors« 1919.

Das sogenannte »Numerus clausus«-Gesetz trat schon 1920 in Kraft – eine Pionierleistung des von antisemitischen Abgeordneten beherrschten Nachkriegsparlamentes in Budapest – und zwar 13 Jahre vor Hitlers Machtergreifung! Dieses »Numerus clausus«-Gesetz legte einen maximalen Prozentsatz bezüglich der Zulassung jüdischer Studenten an den Universitäten fest. Deswegen schickten viele jüdische Familien, denen es finanziell möglich war, die Kinder auf die Universitäten in Brünn/Brno (Tschechoslowakei), Mailand, Zürich oder Paris. Ich kannte einige dieser Leute, die zum Beispiel in Frankreich an der Widerstandsbewegung teilnahmen. Einige, die in Mailand, bzw. in Italien ihr Diplom erhielten, berichteten über das meist freundliche Verhalten der italienischen Bevölkerung gegenüber Juden. Mussolini mußte sich – um Hitler einen Gefallen zu tun – anstrengen, das Rassengesetz durchzusetzen.

Leider unterschied sich das Verhalten der Bevölkerung in Ungarn, als Folge der Zunahme des nationalsozialistischen Einflusses in Österreich, vom Verhalten der italienischen. Ziemlich breite Schichten der Gesellschaft schenkten der chauvinistischen Auffassung Glauben – ähnlich der deutschen »Dolchstoßlegende« –, daß die sechs Monate lang dauernde »Rote Diktatur« (von März bis August 1919) die Entente-Mächte veranlaßt hätte, Ungarn zu »strafen«.

Die öffentliche politische Atmosphäre änderte sich stürmisch nach dem sogenannten Anschluß. Am 13. März 1938 marschierten deutsche Truppen in Österreich ein. Meine Schulkollegen empfingen mich in der Klasse mit gehobenem Arm, dem Nazi-Gruß. Es war zwar ein Spaß, aber die Zukunft sah düster aus. Der Anschluß beschleunigte die Verabschiedung des ersten Judengesetzes. Es trat mit dem 1. Juli 1938 in Kraft und hatte keine rückwirkende Klausel. Dieses Gesetz beschränkte die Zahl der Angestellten jüdischer Religion und/oder Herkunft (mindestens zwei Großeltern Juden) bei öffentlichen Firmen, Aktiengesellschaften, GmbH etc. auf 20%, bezogen auf die Gesamtzahl der Angestellten, nicht auf die Zahl der sogenannten Arbeiter, das heißt der tatsächlich Beschäftigten.

Ich erhielt mein Maturitätszeugnis Ende Juni. Da das Gesetz offiziell keine rückwirkende Klausel hatte, konnte mein Onkel Fritz veranlassen, daß man mich ab dem 29. Juni 1938 bei den »Salgótarjaner Glashüttenwerken« beschäftigte. Er war der Generaldirektor dieses prosperierenden Werkes des großen ungarischen Konzerns Salgótarjáni Kőszénbánya RT in einer wichtigen Industriestadt Ungarns, 120 km von Budapest entfernt. Aus vertraulichen Quellen erfuhr er, daß das Aufnahmedatum,

29. Juni 1938, rechtlich gültig blieb. Diese zwei Tage waren daher für mich entscheidend.

Noch nicht ganz 18 Jahre alt, trat ich meine erste Arbeitsstelle in Budapest bei einer Gesellschaft mit beschränkter Haftung an, die aus drei Mitgliedern bestand. Eins war das Glashüttenwerk »Salgótarján«, die beiden anderen ebenfalls ungarische Glaswerke. Diese GmbH war im Grunde das Kartellbüro der drei Gesellschaften. Ich galt als Delegierter der »Salgótarjaner Glashüttenwerke«.

Hitler in Österreich, erstes Judengesetz, düstere Aussichten für die Zukunft – das alles konnte meine naive, jugendliche und platonische Zuneigung zu einem 17jährigen Mädchen, der Tochter einer Freundin meiner Mutter, nicht verhindern. Sie lernte im Gymnasium Italienisch, während in meiner Schule neben der deutschen die französische Sprache verpflichtend war. (Latein lernte ich fakultativ). Ich war ganz verzweifelt, daß ich mit ihr nicht italienisch sprechen konnte. Mein Ehrgeiz führte mich Anfang September 1938 zur italienischen Botschaft, um dort an einem Sprachkurs teilzunehmen. Meine italienischen Freunde lachen immer, wenn ich diese Geschichte erzähle. »Signori, io sono caduto in amore con una ragazza, che parlava italiano, allora dovevo anche io imparare la sua lingua«. (»Meine Herren, ich verknallte mich in ein Mädchen, das italienisch sprach, also, ich mußte auch ihre Sprache erlernen.«) Meine 18jährige »männliche Eitelkeit«, von Liebe durchwoben, brachte mich in die Nähe der italienischen Sprache und des prachtvollen Volkes Italiens. Mussolini interessierte mich damals überhaupt nicht!

Hitler sprach im Sommer 1938 über die Tschechoslowakei und fügte hinzu:»Das ist die letzte territoriale Forderung, die ich in Europa zu stellen habe.«Großbritannien und Frankreich schenkten diesen Worten Glauben oder waren der Ansicht, daß sie nichts anderes tun könnten. Das Ergebnis ihrer Feigheit, einen militärischen Konflikt mit Deutschland einzugehen, und eines gewissen Schuldbewußtseins wegen »Versailles« war das berüchtigte »Münchener Abkommen« Ende September 1938, wonach das Sudetenland von Deutschland übernommen wurde und auch die ungarischen territorialen Forderungen akzeptiert wurden (südlicher Teil der Tschechoslowakei). Im November 1938 fand dann die Konferenz in Wien im Schloß »Belvedere« statt, wo Hitler und Mussolini die Rückgabe dieser Gebiete an Ungarn beschlossen.

Nach Hitlers erwähnter Rede über seine Forderung, das Sudetenland aus der Tschechoslowakei auszugliedern und an das Deutsche Reich anzuschließen, traf ich einige meiner ehemaligen Schulkameraden, mit denen ich acht Jahre lang in dieselbe Klasse gegangen war und vor kurzem das Abitur gemacht hatte. Sie fragten mich ganz ernsthaft, ob die ungarischen Juden mit der teilweisen Aufhebung des Trianon-Vertrags, das heißt mit der Rückgabe der südlichen Teile der Slowakei und darüber hinaus – dank Hitler – mit der zu erwartenden Rückgabe von Transsilvanien (Siebenbürgen) einverstanden seien. Hitler und die ungarischen Juden?! Was konnte ich da antworten? »Mit dem Zurückgewinnen der 1920 Ungarn weggenommenen Gebiete, wo die Bevölkerung noch überwiegend ungarisch spricht, sind meine jüdischen Freunde einverstanden, sie freuen sich sogar alle darüber, über Hitlers judenfeindliche Äußerungen aber nicht.«

Als Ministerpräsident Imredy im November 1938 per Rundfunk die Rückkehr der südslowakischen Gebiete der Nation bekanntgab – ob man es mir glaubt oder nicht – standen mittags meine Mutter, mein Bruder und ich auf bei Tisch, wo wir eben die heiße Suppe essen wollten und hatten Tränen in den Augen. Erst allmählich fingen wir an darüber nachzudenken, was der Preis für diese Geste sein würde?!

Vieles haben wir für möglich gehalten, aber davon, was in den kommenden Jahren dann tatsächlich geschah, hatten wir *nicht die geringste Ahnung!*

Das zweite Judengesetz (Gesetz 1939/IV.t.c.) trat im Mai 1939 in Kraft. Entgegen dem ersten wurde die Zahl der in einer öffentlichen Gesellschaft zugelassenen Juden von 20% auf 10% gesenkt. Der Direktor der GmbH, in der ich seit einem Jahr arbeitete, teilte mir mit, daß er entweder mich oder den Oberbuchhalter der Firma, der vier Kinder hatte, entlassen müsse. Diese diplomatische Einleitung meiner Entlassung galt meinem Onkel, dessen AG den größten Anteil an diesem Kartellbüro hatte. Mein Onkel mußte wieder schnell handeln. Es war ja selbstverständlich, daß ich als Neunzehnjähriger gehen mußte.

Der Zweite Weltkrieg

Ich mußte also das Elternhaus Anfang September verlassen und bekam meine neue Stellung als Praktikant in der Glasfabrik in Salgótarján. Ich fuhr am Montag, dem 4. September 1939 nach Salgótarján. Vom Fenster des Zuges aus hörte ich den Ruf eines Zeitungsjungen:»Großbritannien und Frankreich haben Deutschland den Krieg erklärt.«

In diesem Zusammenhang möchte ich zwei kleine Episoden erzählen, deren Tragweite ich damals ziemlich genau begriff:

Ich arbeitete bei meiner ersten Arbeitstelle bis Ende August. Am 22. August blieb ich wie angewurzelt bei einem Zeitungsstand stehen und las die erste Seite des »Völkischen Beobachters«, wo in roten Buchstaben folgender Text stand:»Nichtangriffspakt Deutschland – Sowjetunion. Die Reichsregierung und die Sowjetregierung stimmen darin überein, einen Nichtangriffspakt abzuschließen. Reichsaußenminister Dr. Joachim von Ribbentrop trifft am Mittwoch zum Abschluß der Verhandlungen in Moskau ein.« Ich kann mich gut daran erinnern: Es schwindelte mir, ich bekam Herzklopfen und ein paar Minuten lang konnte ich mich nicht bewegen. Es war mir klar geworden, daß ein Krieg unausweichlich war.

Die andere Episode ereignete sich am Freitag dem 1. September. Meine Kollegen in der Firma, in der ich an diesem Tag noch arbeiten mußte, schickten mich in die gegenüber liegende Markthalle (sie steht noch heute, 2006, dort). Es war eine übliche Sache, daß die älteren Angestellten sich von den jüngeren bedienen oder sich aus der Markthalle Frühstück und allerlei Nahrungsmittel holen ließen. An diesem Tag mußte ich den Kollegen etwas holen. Am Zeitungsstand vor der Pforte unserer GmbH las ich die berühmte Rede Hitlers, die er im Reichstag gehalten hatte. Er sagte unter anderem: »Ich nehme diesen braunen Rock nicht herunter, bis der uns aufgezwungene Krieg nicht siegreich beendet wird.« Ich ging die Treppe hoch, trat in unser Büro und schrie laut: »Der Zweite Weltkrieg ist ausgebrochen.« Die Kollegen sprangen alle auf, nahmen meine Zeitung in die Hand, lasen den zitierten Text, winkten gleichgültig mit der Hand, schauten mich von oben herab an und sagten: »Nichts ist ausgebrochen. Polen wird eben so schnell besetzt wie Österreich und die Tschechei.« Ich sah den Gesichtern dieser Leute an, daß sie innerlich dachten: »Der junge Jude wünscht den Krieg gegen Deutschland, aber er irrt sich, niemand traut sich, dem Dritten Reich den Krieg zu erklären.«

Ich dachte, es sei unmöglich, daß die beiden Westmächte ihre Verpflichtungen als Verbündete gegenüber Polen nicht erfüllen würden. Meine Kollegen müssen sich irren, dachte ich, und saß am Samstag, den 2. September 1939, vor unserem Radioapparat, den ganzen Tag und es geschah nichts. Meine Mutter war verärgert, weil ich nicht essen, sondern nur Radio hören wollte. Am Sonntag, den 3. September, saß ich schon wieder ganz früh vor dem Apparat, in der Hoffnung, daß endlich etwas geschehen würde. Während ich gespannt den Nachrichten lauschte, tauchte in meinem Kopf die kurze Ansprache von Ministerpräsident Chamberlain auf, die er 1938 nach seinem Godesberger Besuch bei Hitler hielt: »Peace is saved for our time!« Die Zukunftsprognose eines Politikers, der an der Spitze des damaligen britischen Weltreiches stand!

Big Ben schlug 11 Uhr und Chamberlain verkündete die Kriegserklärung an Deutschland. Am Nachmittag, gegen 17 Uhr, meldete sich Paris und Ministerpräsident Daladier hielt eine verkrampfte Rede, etwa folgenden Inhalts: »Frankreich ist in der zwingenden Lage, daß das Land seinen Verpflichtungen gegenüber Polen nachkommen muß und befindet sich im Kriegszustand mit Deutschland.« Ich kann mich gut daran erinnern, wie seine Rede klang: komplizierter Stil, als wäre er beim Zahnarzt.

Julius Cäsar sagte einst: »Alea iacta est« (»Der Würfel ist gefallen.«), als er den Fluß Rubikon überschritt und damit das Imperium Romanum in einen Bürgerkrieg geschleudert wurde. Hitler hat mit dem Überfall Polens »den Würfel fallen lassen«. Ich wußte als 19jähriger junger Mensch, daß mein Schicksal durch die Folgen der beiden erwähnten Reden stark beeinflußt werden würde.

Nach dem siegreichen polnischen Feldzug hielt Hitler Anfang November 1939 eine Rede in Danzig, in der er neben höhnischen Bemerkungen über das Verhalten der polnischen Soldaten auch einige Worte über den unlängst unterschriebenen deutsch-russischen Pakt sagte, darunter: »Das nationalsozialistische Deutschland bleibt, was es ist, Sowjetrußland bleibt was es ist. In einem aber bleiben wir einig: weder Deutschland, noch Sowjetrußland werden in der Zukunft einen Tropfen Blut für jüdisch-plutokratische Interessen opfern.« Neunzehn Monaten später griff er Rußland an.

Damals hörte man den lächerlich peinlichen Witz: Ein deutscher Jude hörte die leidenschaftlich überzeugende, antisemitische Rede Hitlers und betäubt von diesem Genie, begann er zu schreien: »Hinaus mit uns!«

Ich muß aufrichtig gestehen, daß der seelische Einfluß des Zweiten Weltkrieges – von den konkreten Leiden, vom Verlust von Nahestehenden in Auschwitz oder von jenen, die erschossen und in Budapest in die Donau geworfen wurden, von eigenen körperlichen Qualen und anderem ganz abgesehen – ein mit nichts anderem vergleichbares Erlebnis für mich bedeutete, das meine Persönlichkeit für mein ganzes Leben bedeutend prägte. Dies zeigt sich beispielsweise darin, daß ich das Vergehen der Zeit in sechsjährigen Perioden messe, weil der Zweite Weltkrieg knapp sechs Jahre gedauert hat. Wenn ich über vergangene Jahre in Bezug auf gewisse Ereignisse in meinem Leben nachdenke, pflege ich mit Erstaunen festzustellen, ja, seit damals sind zwölf Jahre verstrichen, also »zwei Weltkriege« Zeit! Meine Freunde lachen mich aus wegen dieser »seltsamen« Mentalität.

Das Elternhaus hatte mich verwöhnt – in den ersten Tagen in Salgótarján spürte ich das. Ich mußte für alles sorgen: einkaufen, Wäsche waschen … Ich wohnte zuerst in einem gemieteten Zimmer. Es gab kein Leitungswasser. Der Dezember war sehr kalt und man mußte das Wasser vom Ziehbrunnen holen.

Diese Industriestadt hatte einerseits verhältnismäßig moderne Fabriken (Stahlwerke, eine Glasfabrik, eine Maschinenfabrik, Kohlenbergbau etc.), andererseits hatte sie einen dorfartigen Charakter. Die Mentalität der Menschen war halb städtisch, halb provinziell. Die Stadt Salgótarján war von mehreren Bergbaugruben umgeben. Selbst die Glasfabrik, in der ich zu arbeiten begann, verarbeitete das Rohmaterial (Kohle) der Salgótarjáner Bergwerke in den Gasgeneratoren. Die Qualität war nicht eben die beste, aber die Gruben waren in der Nähe, dadurch war diese Lösung günstig und sicher.

Als ich aus Budapest ankam, empfing mich der Direktor des Werkes, ein Mann in den Fünfzigern. Er kam mir vor, als wäre er aus einem Roman des großen ungarischen Schriftstellers Kálmán Mikszáth herausgetreten. Mikszáth beschrieb plastisch Figuren aus dieser Gegend, die aufgrund der ungarischen Komitatenstruktur (Komitate sind regionale staatliche Verwaltungsgebiete, bestehend aus mehreren Kreisen) lokale Machthaber waren. Sie pflegten Beziehungen zum Bürgermeister, zu leitenden Persönlichkeiten der öffentlichen Verwaltung, zur Polizeibehörde, Militärkommandantur, katholischen Kirche ...

Man darf dabei nicht außer acht lassen, daß die allgemeine Entwicklung und Regierungsstruktur des Landes, bedingt durch historische Ursachen, sich völlig von der deutschen Struktur unterschied. Ungarn war immer zentralistisch regiert, wohingegen Deutschland ein stark dezentralisiertes Land war. Fast egal, ob man sich in Hamburg, München, Stuttgart, Leipzig oder auch in Berlin aufhält, das Leben ist überall großstädtisch. Das war und ist jedoch in Ungarn nicht der Fall. Budapest ist disproportional groß, verglichen mit anderen ungarischen Städten. Diese Gegebenheit beeinflußte und beeinflußt auch heute noch auffallend die Mentalität der Menschen in der Provinz. Diese Charakterzüge unseres Landes lernte ich erst in dieser industriellen Provinzstadt, in Salgótarján, kennen. Ich war zu sehr »Budapester«, das heißt »großstädtisch«.

Der Empfang beim Werksdirektor verlief kurz, der Etikette entsprechend. Er wußte selbstverständlich, daß der Generaldirektor in Budapest mein Onkel war. Ich war also nicht nur ein junger jüdischer Angestellter, sondern noch dazu enger Verwandter des obersten Chefs in Budapest, das heißt ein »Protektionskind«. Seine Worte klangen unheildrohend: »Junger Mann, passen Sie sehr auf, arbeiten Sie hart!« Auf was ich sehr aufpassen sollte, das versäumte er, mir klar zu sagen.

Man hatte mir auch nahegelegt, ich solle mich zu einem Besuch in der Wohnung dieses Herren melden, – das gehörte auch zur Etikette – aber der Besuch dürfe nicht länger als zehn Minuten dauern. So geschah es. Ich benahm mich schüchtern und war froh, als ich wieder weg war.

Mein unmittelbarer Chef, dem ich unterstellt war, war ein hochintelligenter Ingenieur, etwa 35 Jahre alt, von jüdischer Religion, sprach perfekt deutsch, englisch und französisch. Er war ein harter Mann, leitete er doch einen Betrieb mit über 500 Arbeitern, – und ein Symbol für Gerechtigkeit. Dieser Betrieb war der wichtigste, weil dieser sogenannte »Topfofenbetrieb« die schönsten, geschliffenen und gefärbten Exportwaren herstellte, die unter anderem in die Schweiz, USA und nach Südafrika geliefert wurden.

Herr Groß verhielt sich seltsam zu den Leuten. Die besten, geschicktesten Arbeiter, denen die Aktiengesellschaft ihren Ruhm verdankte, weil sie die wertvollsten, herrlichen Gegenstände, die glänzenden »Außenüberfang«-Vasen und die vielteiligen geschliffenen Services, erzeugten, genossen sein Wohlwollen. Das zeigte sich auch darin, daß es diesen Arbeitern erlaubt war und fallweise schriftlich gewährt wurde, je eine Vase oder einen anderen Gegenstand für sich selbst zu machen, für Geburtstage oder Vermählungen ihrer Familienmitglieder. Unter diesen »Zauberhänden« waren auch mehrere slowakische Glasbläser, die aus der Slowakei herüberkamen und die slowakischen Traditionen der Glaserzeugung mitbrachten. Was die Sprache betrifft, so war das Werk ein Sprachenbabel: außer Ungarisch sprachen viele Slowakisch, Deutsch, Kroatisch. Den Hilfsarbeitern gegenüber war Herr Groß neutral. Er kannte die fachlichen Fähigkeiten und menschlichen Eigenschaften sowie die politische Einstellung der einzelnen Arbeiter dieses Sprachenbabels sehr gut. Er verstand gut die »Mischsprache« einiger, die tatsächlich Ungarisch, Slowakisch und Kroatisch im selben Satz vermischten.

Lustige, manchmal heikle Szenen ergaben sich aus einer Marotte des Betriebsleiters: Er hatte einen schönen schwarzen Hund, einen Spaniel, der hieß auf deutsch übersetzt »Gauner«. Wenn jemand auf der Straße dem Hund etwas zu fressen geben wollte und der Betreffende in der Stadt dafür bekannt war, daß er für Hitler schwärmte, sagte Groß dem Hund: »Das ist von Hitler!« Der Hund spuckte das Stückchen wieder aus. Wenn aber derjenige für seine anglophilen Gefühle bekannt war, dann sagte er dem Hund: »Das ist von Churchill!« Und der Hund hat's gefressen. Es war eine Spielerei, jedoch nicht ohne Gefahr. (Selbstverständlich konnte man sich solche Szenen nur vor dem März 1944, vor dem deutschen Überfall auf Ungarn erlauben, und selbst dann nur mit gewisser Vorsicht.)

Nach dem deutschen Angriff auf die Sowjetunion und nach Ungarns Eintritt in diesen Feldzug wurde die Stimmung der Arbeiterschaft spürbar angespannt. Für mich persönlich war es wichtig zu wissen, wer wie über diesen Krieg dachte. Mit Hilfe meines Chefs Herrn Groß wußte ich ganz genau, wer die deutsche Seite sympathisch fand und wer eher zu den Russen neigte. Die aus der Slowakei stammenden Arbeiter bekannten sich mehrheitlich zu Rußland. Der mir unterstellte Werksmeister war ein Slowake. Vor ihm brauchte ich mich nicht zu verstellen, wir beide schimpften auf die teuflische Ideologie der Nazis.

Der gemeinsame Chef der fünf Betriebsleiter war der Oberingenieur Jermendy, ein ungarischer Patriot. Ein hochgebildeter Techniker, der alle Finessen der technischen Prozesse der Fabrik bis in die Fingerspitzen beherrschte. Ein disziplinierter Mann um die vierzig, der mit dem technischen Direktor Theobald Köhl, einem reichsdeutschen Staatsbürger, viele Reibereien hatte. Diese Reibereien waren meistens fachlicher Art, denn Jermendy war mit seinen fachlichen und lokalen Kenntnissen Köhl weit überlegen. Ich als junger Praktikant war selbstverständlich darüber nicht informiert, aber ich hatte das vermutet.

Herr Köhl war schlau, hatte zwei Gesichter. Er spielte einerseits den glaubenstreuen Nazi, andererseits hatte er seine jüdischen Bridgepartner in der Stadt. Er sagte mehrmals meinem Chef, Herrn Groß, »die Engländer werden Schafe züchten nach unserem Sieg«. Groß antwortete: »Du, Theo, hör mal auf mit Deinem dummen Quatsch, Großbritannien ist ja unbesiegbar, das wirst Du schon sehen«. Trotz dieser Bemerkungen von Groß blieben die Beziehungen der beiden zueinander gut.

Drei Episoden blieben mir über Köhl im Gedächtnis:

Die eine passierte nicht sehr lange nach meiner Ankunft in Salgótarján. In diesem Zusammenhang muß ich »gestehen«, daß ich sehr stolz auf meine deutschen Sprachkenntnisse war, und zwar besonders auf die »Goetheschen« Wendungen. Ich schwärmte für Goethe, las oft den ersten Teil von »Faust« und benutzte aufschneiderisch aus dem »Faust« gelernte Idiome. Einmal berührte ich Köhl zufällig vor einer Tür mit dem Ellenbogen und erschrocken sagte ich: »Vergebung!« Noch lange nach diesem Ereignis begrüßte er mich mit dem Wort »Vergebung«. Es wäre meiner Ansicht nach zu vulgär gewesen, »Verzeihung« oder »Entschuldigung« zu sagen.

Die zweite Episode ergab sich am 26. Februar 1941. Am Vorabend hat der amerikanische Kongreß das berühmte »Lend and Lease«-Gesetz verabschiedet. Ich wußte, daß dieses Gesetz für Großbritannien und für die Gegner Hitler-Deutschlands äußerst wichtig war, da Großbritanniens Devisenquellen bereits erschöpft waren und Churchill die Roosevelt-Administration um finanzielle Hilfe anging. Ziemlich aufgeregt schaltete ich den US-Kurzwellensender am Abend ein – es war strengstens verboten, ausländische Nachrichten zu hören – und hörte die Worte Roosevelts: »According to last information I obtained from Europe, I can assure, the axis powers are not going to win this war.« (»Entsprechend der letzten Informationen, die ich aus Europa erhalten habe, kann ich dem Kongreß versichern, daß die Achsenmächte diesen Krieg nicht gewinnen werden.«) Der Kongreß votierte mit überwiegender Mehrheit für das Gesetz. Am anderen Tag trat Direktor Köhl in meine kleine Arbeitsstube und sagte zu mir: »Euer jüdisches Herz klopft jetzt schneller, was? Roosevelt hat uns gestern klein gemacht.« Ich sah ihn an und fragte: »Herr Direktor, wovon reden Sie? Ich habe diese Nachricht weder im Budapester, noch im Berliner Sender gehört?« Ich sehe ihn noch heute vor mir, als sein Gesicht bis über die Ohren errötete. Er hörte die Nachricht vom selben Sender wie ich – wahrscheinlich die deutschsprachige Ausgabe.

Die dritte Episode geschah am 5. April 1944. Nach dem deutschen Überfall auf Ungarn am 18. März 1944 verschärften sich die antisemitischen Maßnahmen. Am 5. April trat das »Gelber-Stern-Gesetz« in Kraft. Von diesem Tag an mußten die Juden in Ungarn den gelben Stern an gut sichtbarer Stelle ihrer Kleidung tragen. Unter den etwa 3.000 Beschäftigten dieses Werkes war ich damals der einzige, den das Gesetz betraf. Die anderen Angestellten waren längst in Arbeitslagern, in den Kampfzonen. In dieser Zeit war ich bereits Betriebsleiter – Chef von 500 Leuten. Man kann sich vorstellen, wie peinlich es für mich war, so vor den Leuten zu erscheinen. Ich trat in meine Betriebsstube und Herr Direktor Köhl rief mich telefonisch zu sich. Ich ging hinüber zu ihm – das Direktionsgebäude war ein bißchen weiter von den Betrieben entfernt. Er schaute mich an und sagte folgendes:»Sie tragen jetzt diesen gelben Stern als Zeichen der Demütigung. Nach Stalins Einmarsch ist das eine Auszeichnung.«»Herr Direktor, kann ich abtreten?« fragte ich.»Ja, abtreten.« Kaum erreichte ich meinen Schreibtisch, rief er mich wieder zu sich. Verdammt, was will er denn wieder, murmelte ich. Ich stand dann vor ihm und mußte ihm zuhören:»Um Mißverständnissen vorzubeugen, ich bin von unserem Endsieg fest überzeugt«, klangen seine Worte.»Das kann ich Ihnen wohl glauben«, war meine Antwort. Er war über seine eigenen Worte erschrocken!

Nach dem Krieg hörte ich, daß er in Berlin bei einem russischen Bombenangriff starb. (Die deutschen Staatsbürger verließen das Land vor dem russischen Einmarsch).

Außer dem erwähnten technischen Direktor Köhl arbeiteten auch andere reichsdeutsche Staatsbürger in der Fabrik. Die Budapester Zentrale legte großen Wert darauf, daß in der Branche erfahrene deutsche Fachleute, die in Ungarn lebten, der Gesellschaft ihre Kenntnisse weitergaben. Der Leiter der Konstruktionsabteilung war ebenfalls ein reichsdeutscher Staatsbürger. Er war ein guter Fachmann, arbeitete mehrere Kristallmodelle aus und war ein überzeugter Nazi-Hitzkopf. Als die Russen Ende Februar 1944 die damalige »historische« ungarische Grenze in den Karpaten erreichten, sagte ich ihm: »Herr Strauss was sagen Sie dazu, daß die Russen an unserer Grenze sind?« »Unser guter Adolf weiß genau, was er tut«, war die Antwort. Nach dem Krieg hörte ich, daß er im Juni der Deportation der Juden der Stadt lachend zugeschaut hatte; er war direkt in die Nähe des Bahnhofes gegangen, um diese fürchterlichen Szenen zu genießen.

Mein Chef, Herr Groß, und sein Freund, der Leiter des Farbwarenbetriebes, wohnten in einem modernen, neuen Haus in der Stadt. Die beiden schlugen mir vor, mein gemietetes Zimmer aufzugeben und in ihre Wohnung umzuziehen. Dieser Vorschlag munterte mich auf. Die Umstände waren unvergleichlich vorteilhafter für mich. Ich mußte nicht allein sein, mußte nicht in die Kälte hinausgehen, um Wasser zu holen ... Ich wurde also ihr Untermieter.

Nun bestand mein Alltag aus folgenden Haupttätigkeiten: Acht bis zehn Stunden Arbeit in der Fabrik, Mittagstisch in der Kantine. Am Nachmittag vertieftes Studium des damals anerkannten Fachbuches »Die Glasfabrikation« des deutschen Autors Robert Dralle. Da ich, wie bereits beschrieben, nicht an der Hochschule aufgenommen werden konnte, mußte ich vieles im Selbststudium lernen und wollte die Technik der Glaserzeugung aus Fachbüchern, besonders aus dem »Dralle«, verstehen. Dieses Studieren dauerte etwa zwei bis drei Stunden täglich. Am Abend trafen wir uns zu dritt, sprachen über die Tagesereignisse und hörten den britischen Rundfunk. Ohne das tägliche Anhören des Kurzwellensenders der BBC konnte ich nicht ins Bett gehen.

Es ist nicht leicht, aus heutiger Sicht meine damalige Lebensweise zu verstehen. Als Jüngling im Alter von 19 bis 20 Jahren lebte ich wie ein Asket: Arbeit, Lernen und vor dem Einschlafen das Anhören der Kriegsnachrichten. Dabei litt ich an sexueller Unbefriedigtheit, weil ich keine Partnerin hatte. Um das verständlich zu machen, erzähle ich hier die Geschichte, die mir passierte, als ich noch nicht in der neuen Wohnung wohnte, im April 1940: Trotz meiner lächerlichen Schüchternheit gelang es mir, ein hübsches Mädchen aus der Fabrik eines Abends zu mir einzuladen. Als ich den Rolladen herunterließ, hörte ich einen Anprall, einen Steinwurf. Am anderen Tag bekam ich einen Brief mit primitiver Handschrift, voll grammatischer Fehler, mit folgendem Wortlaut: »Du Saujud', wenn Du noch einmal etwas mit arischen Weibern anfängst, bist du tot.« Unterschrift: »Schwarze Hand der Pfeilkreuzler«. Die Pfeilkreuzler waren die ungarischen Nazis. Damit waren meine sexuellen Versuche zu Ende.

Es war für mich folgendes völlig klar: Mein Überleben hängt davon ab, ob Hitler-Deutschland besiegt wird, bevor man mich umbringt. So einfach und unheildrohend sah in meinen Augen die Welt aus – mit 19 Jahren.

Meine Schüchternheit machte Herrn Groß, als wir in derselben Wohnung wohnten, ein wenig stutzig. Nachmittags, am 31. Dezember 1941, lud mich zum Silvesterabend ein Ehepaar ein, bei denen zwei junge Mädchen waren. Die eine war ein Gast aus Miskolc, wo die beiden gemeinsam zum Gymnasium gingen, und jetzt verbrachten sie die Weihnachtsferien in Salgótarján. Groß spornte mich an, die Einladung anzunehmen. Ich zögerte, meine Einsamkeit war schon eine Krankheit. Dann brüllte er mich an:»Dort ist jetzt ein hübsches Weib aus

Miskolc, hören Sie auf mit Ihrer dummen Schüchternheit.« Ich ging hin und – sie wurde meine erste Frau. Die dantesken Umstände unserer »Hochzeit« beschreibe ich später.

In Ungarn wurden die Männer im 21. Lebensjahr für die Armee gemustert. Im September 1941 wurde ich 21 Jahre alt. Der Krieg gegen die Sowjetunion war schon seit dem 22. Juni 1941 im Gange. Zu diesem Zeitpunkt bedeutete Militärdienst für jüdische Männer immer »Arbeitsdienst«, wobei diese Kompanien der Armee unterstellt waren. Wahrscheinlich aus Zufall war ich 1941 noch nicht einberufen worden, obwohl viele Kollegen bereits Militärdienst leisteten. Und die jüdischen Angestellten waren alle schon längst zum sogenannten »Arbeitsdienst« einberufen worden. Ich verwende Anführungszeichen, weil dieser »Arbeitsdienst« tatsächlich Zwangsarbeit war. Man mußte eine gelbe Binde am Arm tragen und neben der harten, selbstverständlich militärischen Disziplin herrschten in einigen solchen Dienstlagern – nicht in allen – fürchterliche Zustände. Einige Offiziere und Unteroffiziere wollten ihre sadistischen Leidenschaften ausleben. Im Inland kamen solche sadistischen Szenen selten vor, aber jenseits der Grenze, in den Lagern nahe der Kampflinien an der Ostfront, wollten sich einige Bullen (das war die gängige Bezeichnung für Mitglieder der Wachmannschaft) der sogenannten »Aufsichtsgruppe« austoben. Viele jüdische Zwangarbeiter fanden den Tod bei der Ausführung grausamer Befehle der Wachbeamten.

Neben vielen unschuldigen Durchschnittsbürgern haben auch viele hochbegabte ungarische Intellektuelle jüdischer Herkunft, die sich als absolut assimilierte ungarische Patrioten betrachteten, den sinnlosen Tod in diesen

Lagern gefunden, nicht von feindlichen Waffen, sondern sie erlagen den haßerfüllten oder sadistischen Bullen. Dem deutschen Leser ist es wahrscheinlich nicht bekannt: Unter diesen Menschen befanden sich in Ungarn berühmte Wissenschaftler, Schriftsteller, Dichter ... Diese Ausschreitungen geschahen schon einige Jahre vor der Besetzung Ungarns durch die Wehrmacht am 19. März 1944.

Ich pflege auch heutzutage noch mit böser Ironie folgendes zu erwähnen: Anfang der 20er Jahre verließen Ungarn viele Männer, die später in verschiedenen Bereichen der Wissenschaft und Technik weltberühmt wurden, einige von ihnen wurden sogar mit dem Nobelpreis belohnt. Zu diesen erstklassigen Wissenschaftlern, die Ungarn verlor, gehörten:

- Eugen Wiegner, Nobelpreisträger der Physik,
- János (von) Neumann, der Begründer der modernen Computerphilosophie bzw. Erbauer des ersten Großcomputers und Entwickler des mathematischen Computerrechnens,
- Leo Szilárd, weltberühmter Physiker, Mitarbeiter am sogenannten »Manhattan Programm« der USA (Atombombe),
- Ede (Edward) Teller, »Vater der Wasserstoffbombe«,
- Tódor Kármán, Ingenieur der NASA.

Wenn diese Menschen ihr Vaterland damals nicht verlassen hätten, dann hätten sie, statt bahnbrechende Forschungen und Entwicklungen zu betreuen, vielleicht in Auschwitz ihr Leben beendet?!

Ich muß noch hinzufügen, daß die genannten großen Namen das Land, in dem sie geboren wurden, nicht vergessen haben, fast alle sogar sprachen ihre Muttersprache fehlerlos, trotz der langjährigen Abwesenheit. Zum Beispiel der erst 2003 verstorbene Teller, der mit über neunzig noch das in Ungarn bestehende Atomkraftwerk besuchen und mit den Mitarbeitern perfekt Ungarisch sprechen konnte.

Noch einen Fall möchte ich erwähnen, der die deutschen Kulturfreunde vielleicht eher interessiert. Ein ungarischer Professor, der deutsche Literatur und Sprache unterrichtete, schwärmte für die deutschen und ungarischen literarischen Kunstwerke und übersetzte »Die Tragödie des Menschen«, das Werk von Imre Madách, ins Deutsche. Dieses tiefgreifende philosophische Kunstwerk ist in meinen Augen der ungarische »Faust«. Der Übersetzer wollte das deutsche Publikum mit einer der hervorragendsten ungarischen literarisch-philosophischen Errungenschaften bekanntmachen. Angeblich hat selbst die Naziführung dieses Drama im Berliner Theater gesehen. Was ist mit diesem Autor wohl geschehen? Er wurde in Auschwitz vergast.

Ich selbst wurde das erste Mal am 28. Oktober 1942 zum »Arbeitsdienst« einberufen. Später beschreibe ich mein Glück, daß ich nicht mit meiner Kompanie Ende 1942 an die Ostfront gehen mußte. Ich glaube aber, aufgrund von Erzählungen Überlebender sowie von Pressenachrichten über die Gerichtsverhandlungen nach dem Krieg, daß ich »Sauglück« hatte, weil ich nach meiner zweiten Einberufung, im April 1944, von Wehrmachtssoldaten in der unmittelbaren Nähe der Kampfzone, am 9. Dezember 1944 gerettet wurde. Wie es dazu kam, will ich später schildern.

Mein erster »Arbeitsdienst« dauerte vom 29. Oktober 1942 bis zum 6. Mai 1943. Mein früherer Chef, Groß, wurde Anfang Oktober 1942 zum Arbeitsdienst einberufen. Ich erhielt meinen Einrückungsbefehl am 29. Oktober 1942. Auf dem Dokument stand in roten Buchstaben »Jude«. Diese Überschrift bedeutete »Strafeinrükkung«, das heißt direkt in die Kampfzone. Der »Empfang« der Einrückenden fand in der Turnhalle einer Schule unweit von Salgótarján, in der Stadt Hatvan, statt. Die Turnhalle war für etwa 200 Jungen konstruiert. Jetzt brachte man dort über 1000 Männer verschiedenen Alters – von 21 bis 70! – für ein paar Tage unter. Es war offensichtlich, daß man die Eingerückten sofort an die Ostfront, in die Kampfzone, schicken würde. Ein Feldwebel empfing die Leute, darunter mich, und er befahl mir, das mitgebrachte Paket vor ihm zu öffnen. Meine Mutter hatte dieses Paket zusammengestellt. Der Feldwebel, sein Familienname war Vertich, nahm meinen schweren Winterpullover und eine warme Decke aus dem Paket heraus, fragte nach der Adresse meiner Mutter, ließ die Sachen verpacken und schickte sie meiner Mutter zurück. Als ich bemerkte, an der Ostfront sei es ja sehr kalt, ich bräuchte doch diese warmen Dinge, war seine Antwort: »Sie können dort nicht so schwere Sachen schleppen.« Er wollte, daß man erfriert. Der Mann wurde nach dem Krieg wegen Kriegsverbrechen zum Tode verurteilt und hingerichtet.

Ich hatte Glück. Bevor ich einrückte, zeigte ich den Einberufungsbrief einer meiner Kolleginnen, die durch ihre ältere Schwester weitreichende Verbindungen in der Armee hatte. Sie schrieb ihrer Schwester einen Brief und bat um Hilfe für mich. Ich überreichte dieser Dame in Budapest den Brief ihrer Schwester. Sie öffnete nur ein kleines Fenster, nahm das Schreiben entgegen, sagte »Ich kann nichts versprechen« und schloß das Fenster wieder.

Am dritten Tag unseres »fabelhaften« Aufenthaltes in der Turnhalle wurde uns mitgeteilt, daß alle Eingerückten in der Frühe, um 3 Uhr, marschbereit sein sollten. Wir gingen zum Bahnhof, Richtung Ostfront. Alle standen wir morgens um 3 Uhr vor dem Güterzug. In alphabetischer Reihenfolge las man die Namen vor und die Aufgerufenen stiegen in die Waggons. Mein Name wurde nicht erwähnt. Am Ende, als alle schon im Güterzug waren, rief man meinen Namen mit der Bemerkung »überzählig«. Nach einigen Stunden begleitete man mich unter Aufsicht in ein nahe liegendes Arbeitslager und übergab mich dem dortigen Kommandanten als neues Mitglied. Der Zug mit meinen Kameraden, mit denen ich drei Tage in der Turnhalle zusammen gewesen war, fuhr ab. Soweit ich weiß, kam niemand je wieder nach Hause.

Ich blieb also – vorübergehend – im Inland. Höchstwahrscheinlich überredete die Schwester meiner Kollegin ihren Liebhaber. Er muß schnell gehandelt haben. Das alles spielte sich vor 64 Jahren ab. Ich habe weder die Dame, noch meine Kollegin seither getroffen. Ich glaube, sie flüchteten später vor den Russen nach Westen.

In diesem Arbeitsdienstlager konnten die Dienstleistenden die Nachrichten hören, selbstverständlich nur Sender aus Budapest oder Wien, bzw. Berlin. Im Oktober 1942 gab es heftige Kämpfe in Stalingrad. Ein guter Beobachter – ich zählte mich dazu – spürte, daß die 6. Armee bei Stalingrad stecken geblieben war. Am 4. November hörte ich die Rede Hitlers. Er sprach über die Kriegsziele des Jahres 1942. Zwei Sätze, die er mit Schwung und Überzeugungskraft seinen schwärmenden Zuhörern und Zuschauern vermittelte, möchte ich zitieren. Was Stalingrad betrifft, hat er unter anderem folgendes wortwörtlich gesagt:»… und Stalingrad wird genommen, darauf könnt Ihr euch verlassen.« Bums!

Über die Westalliierten kam ein Satz aus seinem Mund, der einem Gemisch von Unkenntnis des Feindes und fast einer Verwechselung der eigenen Person mit Gott glich. Er sagte:»Wenn ich einen Gegner von militärischem Format hätte, dann könnte ich wenigstens ausrechnen, was er will, da ich aber militärischen Idioten gegenüber stehe, kann ich nie wissen, was sie wollen.« Ich, ein unerfahrener Kerl von 22 Jahren, hörte diese Worte mit Erstaunen. Daß Stalingrad 14 Tage nach dieser Rede von Rokossowskij und Tschujkow innerhalb von wenigen Stunden umzingelt und nach 73 Tagen die 6. Armee zur Kapitulation gezwungen werden würde, wußte selbstverständlich niemand. Ich hätte nie gedacht, daß der »Führer« dieser großen und von Intellektuellen hochgeschätzten Nation, die der Welt einst Goethe, Schiller, Beethoven, Wagner, Kant, Gauß und Leibniz beschert hatte, ein aufgeblasener Gernegroß war und die obersten Machthaber der USA und Großbritanniens als Idioten bezeichnete, die verglichen mit seinem Genie auf dem Boden zu kriechen hätten, und sich selbst fast mit göttlichen Kräften gesegnet sah. Und er sprach immer in erster Person, »ich«, nie »wir«, er, der »Übermensch«, stand idiotischen Generälen gegenüber, nicht die Armee, sondern nur er, der »Führer«. Ich konnte schon damals ganz einfach nicht verstehen, wie ein solcher Mensch gerade in Deutschland an die Spitze der Macht gelangen konnte?!

Ich kann mich gut erinnern, daß ich seine Rede mit meinen Kameraden analysierte:»… kann ich nie wissen, was sie wollen…« Wann, in der Geschichte der Menschheit hat jemand seinen Gegner darüber informiert, was seine Absichten sind? Das war doch eine Anerkennung der Handlungen der feindlichen Seite. Hitler »konnte nicht wissen, was sie wollen«, die »idiotischen« Generäle; Eisenhower, Montgomery und Konsorten haben dem »Führer« ihre Strategie nicht verraten!

Ich wäre froh, wenn ich heute wüßte, was die deutschen Bürger und Bürgerinnen damals über diese Rede dachten. Haben sie begriffen, was für ein Mensch das Schicksal Deutschlands in seinen Händen hielt? Wohin führte die Begeisterung, die grenzenlose Hingabe vom 1. Februar 1933? Die Katastrophe war noch nicht spürbar, nur hätte man schon das Getrappel der apokalyptischen Reiter hören sollen. Die Geschwister Scholl hörten es und zahlten dafür mit ihrem Leben!

Vor Weihnachten mußte auch die Kompanie, zu der ich seit Anfang November gehörte, Ungarn verlassen, und wir wurden in ein kleines polnisches Dorf an die östlichen Hänge der Karpaten verlegt (heute gehört diese Gegend zur Ukraine). Das Gebiet war offiziell von der Wehrmacht besetztes, operatives Gebiet, aber sehr weit von der Kampfzone entfernt und unter ungarischer Militärverwaltung. Die sogenannte »historische« ungarische Grenze war ganz in der Nähe. Die Versorgung unserer Kompanie sowie der ungarischen Soldaten am Bahnhof erfolgte vom ungarischem Hoheitsgebiet aus. Der Befehlshaber des Ortes war ein ungarischer Major. Bei unserer Ankunft hielt er eine taktvolle, entgegenkommende »Empfangsrede«, in der er uns als »verrottete Blutsauger, ekelhafte Spekulanten, lausige Schweine« begrüßte und uns mit den gültigen militärischen Vorschriften bekannt machte. Am strengsten unterstrich er das Verbot, ungarische Währung, Pengő, über die Grenze zu bringen. Zuwiderhandelnden wurden peinliche körperliche Strafen angedroht. Die Ursache dieser Strenge war das ablehnende Verhalten der polnischen Bauern gegenüber den von der deutschen Besatzungsmacht eingeführten Zloty-Papierscheinen, die keinen Wert hatten. Aber für die ungarischen Pengő gaben die Bauern Brot, Butter, Käse und andere Lebensmittel. Dieses Tauschgeschäft wollte man seitens der Behörden unterbinden.

Die Aufgabe, die wir auszuführen hatten, war äußerst nützlich und effizient: Schneeräumen von der einen Seite auf die andere und von der anderen auf die eine – das aber gründlich.

Der Winter 1942/43 verging. In Ungarn passierte dies und jenes. Ministerpräsident Bárdossy, der – in absoluter Überzeugung, daß Deutschland den Krieg schnell gewinnen würde – den Krieg gegen die Sowjetunion in Gang setzte, wurde vom Reichsverweser Horthy entlassen. In einigen hohen Kreisen des Landes begann man, den raschen deutschen Sieg anzuzweifeln. Ein anglophiler Aristokrat, Graf Kállay, erhielt von Horthy den Auftrag, in einer Pendelmission die Absichten der Angelsachsen abzutasten. Nicht zu vergessen, Ungarn führte Krieg gegen die Russen! Zwar bestand der Kriegszustand auch gegen die USA und Großbritannien, aber bis zum deutschen Einmarsch in das Land am 19. März 1944 kam es zu keinen unmittelbaren Zusammenstößen mit angelsächsischen Streitkräften.

Am 7. Dezember 1941 griffen die Japaner Pearl Harbor an. Am 11. Dezember, erklärte Hitler den USA den Krieg. Sein Ziel war »offensichtlich«, es Roosevelt zu erleichtern, die Vereinigten Staaten in den Krieg gegen Deutschland eintreten zu lassen. Anders kann man diesen überheblichen, gegen die eigenen Interessen gerichteten Schritt nicht bewerten. Am selben Tag rief der ungarische Außenminister den Botschafter der USA zu sich und erklärte den Kriegszustand zwischen Ungarn und den

USA. Der amerikanische Botschafter stellte die Frage: »Die ungarische Regierung handelt unter starkem deutschem Druck?«»Nein«, war die Antwort:»Ungarn ist ein souveränes Land, es entscheidet unabhängig über seine Schritte.«

Es zirkulierten scherzhafte Gerüchte im Lande nach der Kriegserklärung Ungarns an die USA: Der Botschafter war wohl darüber erschrocken, daß die Vereinigten Staaten mit einer derartig gefährlichen Militärmacht zu kämpfen hätten. Er sandte dem Präsidenten sofort die Nachricht. Roosevelt rief eine Konferenz zusammen, um sich über Ungarn informieren zu lassen. Die osteuropäischen Abteilungen des Pentagons und des State Departments waren vertreten. Roosevelt bat die Herren, ihn mit den wichtigsten Daten von Ungarn vertraut zu machen. Die Information lautete:»Ungarn ist ein Königreich, hat aber keinen König. Das Staatsoberhaupt ist Reichsverweser Horthy. Das Land hat keine Seeküste, der Reichsverweser ist trotzdem ein Admiral, ehemaliger Befehlshaber der Österreich-Ungarischen Adria-Flotte. Der nordöstliche Nachbar des Landes ist die Sowjetunion. Mit diesem Land hat Ungarn keine territorialen oder nationalen Probleme.« Roosevelt hatte eine Zwischenfrage:»Ungarn ist also Verbündeter der Russen?«»Nein, Ungarn steht im Krieg mit ihnen.« Man setzte fort:»Ungarn hat aber schwerwiegende territoriale und nationale Forderungen Rumänien gegenüber, seinem östlichen Nachbarn.«»Also«, fragte Roosevelt,»mit Rumänien steht Ungarn im Krieg?«»Nein«, war die Antwort,»Rumänien ist Verbündeter von Ungarn, gemeinsam an der Seite Deutschlands.« Diese Groteske wurde noch länger fortgesetzt, um die Widersprüche der ungarischen Lage zu veranschaulichen.

Deutschlands eiserne Hand hatte damals mit territorialen Lockmitteln und widersprüchlichen Versprechungen Urfeinde unter das gleiche Banner gezerrt. Und diese Länder bissen sofort an. Nur Wenige sahen dies und eine noch kleinere Zahl traute sich, gegen den Strom zu schwimmen.

Am 12. Januar 1943 zerschlugen die Russen die sogenannte »Zweite Ungarische Armee« am Don (Woronesch). Diese Katastrophe traf das Land unerwartet. Die Propaganda hatte über die Rote Armee verbreitet, sie wäre eine undisziplinierte, aus lauter Dummköpfen bestehende, mordsüchtige Räuberbande, die unzulänglich bewaffnet sei. Eine allmähliche Ernüchterung setzte ein.

Unsere Kompanie erhielt neue Aufgaben, da die neu organisierte »Zweite Armee« an dem Bahnhof, wo wir als Zwangsarbeiter tätig waren, das ungarische Geld gegen Quittung abgeben mußte. Für die durchreisenden Offiziere und Soldaten war es ein angenehmer Zeitvertreib, die jüdischen Zwangsarbeiter anläßlich der Ausfertigung der Quittungen ein bißchen zu schlagen und zu ohrfeigen. Womit konnte man sich sonst ein wenig vergnügen, bevor man in die Kampfzone gebracht wurde? Das war noch das wenigste, die »Saukerle«, die für den ganzen Krieg die Verantwortung trugen, mit der Peitsche oder einem anderen Knüppel zu »streicheln«.

Nach einer nächtlichen Prügelei, bei der ich ganz schöne Blasen an meinem Rücken bekam, trat eine mehrstündige Pause ein, bevor ein neuer Soldatenzug auf der Anreise in die Kampfzone eintraf. Ein Feldwebel, der mich gut kannte, weil ich ihn auf Anweisung des Befehlshabers unserer Kompanie im Januar und Februar ein paar Wochen lang in Mathematik, Latein und Deutsch unterrichtete – er wollte die Offiziersprüfung ablegen –

kam zu mir und teilte mir mit: »Sie werden in Kürze nach Hause fahren und aus der Armee entlassen!« »Herr Feldwebel«, sagte ich, »womit habe ich es verdient, daß Sie mich so verspotten?« »Nein«, sagte er, »ich habe mich auch gewundert, aber ich habe ein Telegramm gelesen, in dem es hieß, der Dienstleistende Tatár solle unverzüglich in Miskolc erscheinen, dem Standort der VII. Korpskommandantur, zwecks Entlassung aus der Armee.« Als ich das hörte, bekam ich einen 24 Stunden dauernden Durchfall.

Für mich ist es heute nach 62 Jahren noch ein Rätsel, wieso mir der Brief, den meine Arbeitskollegin ihrer Schwester geschrieben hatte, nicht eingefallen war, als mir der Feldwebel meine sofortige Entlassung aus der Armee mitteilte. Ich schaute nur albern umher und erwartete den Befehl des Kommandanten meiner Kompanie. Nach einigen Minuten bekam ich tatsächlich die Anweisung, in 15 Minuten marschbereit vor dem Kommandanten zu erscheinen. Er übergab mir ein gestempeltes Dokument, das bewies, daß ich laut Militärbefehl nach Miskolc fahren solle. Es war mir schrecklich peinlich, mich von meinen Kameraden zu verabschieden. Alle sahen mich argwöhnisch an. Der Kommandant sagte laut zu mir: »Für Sie ist der Krieg zu Ende.« – Wer wußte, was noch auf uns zukommen sollte?

Mein Zug fuhr zunächst durch die Berge. Ich schaute hinaus und dachte: »Es ist doch Anfang Mai, wieso ist denn überall noch Schnee, will es denn kein Frühling werden?« Allmählich tauchten dann Blumen auf, Flieder zeigte sich neben dem Gleis, die Natur interessierte sich nicht für die Kriegsereignisse, sie verbreitete Frieden aus den umliegenden Wäldern, als ob die Menschen friedliche Wesen wären.

In Miskolc verbrachte ich die Nacht in einer Badewanne, das Hotel hatte kein freies Zimmer. In der Frühe erhielt ich in der Korpskommandantur das gesegnete Papier mit dem Zaubertext: »In den Reservestand versetzt.«

Kurz besuchte ich in Miskolc Erika, jenes Mädchen, das ich am besagtem Silvesterabend Ende 1941 kennengelernt hatte und in das ich seitdem verliebt war. Dann fuhr ich nach Budapest.

Zuerst besuchte ich meine Mutter in Budapest. Sie sagte, ich solle sofort meinen engsten Freund, János, anrufen, er warte schon meinen Anruf. Normalerweise würde man glauben, nach einer so langen Abwesenheit begrüßt mich der Freund herzlich, erkundigt sich nach meiner Gesundheit und möchte einiges über meine Erlebnisse hören. Es waren aber keine »normalen« Zeiten, insbesondere nicht für Menschen, die von den Judengesetzen betroffen waren, und die Zukunft barg unaussprechliche Gefahren. Ich verstand also, daß er sich überhaupt nicht nach mir erkundigte, sondern nach einem kurzen Gruß wortwörtlich folgendes gesagt hat: »Ereignisse, die am 7. November 1942 begannen, fanden heute, am 7. Mai 1943, in der Frühe ihr Ende.« Und ich wußte, was er meinte! Die zwischen dem 7. und dem 11. November in Nordafrika (Oran, Dakar, Casablanca) gelandeten Alliierten hatten in Afrika die Kontrolle an sich gerissen, das Rommel-Graziani-Heer hatte die Waffen gestreckt und der Londoner Rundfunk berichtete: »Tunis und Bizerta in alliierter Hand.«

1943 wurde für mich zum »goldenen« Jahr. Damit meine ich die Zeitspanne bis zum 19. März 1944, dem Einmarsch der Wehrmacht in Ungarn, bzw. dem Überfall auf Ungarn. Das Jahr 1943 bescherte mir die Heimkehr aus dem Zwangsarbeitsdienst, die Liebe zu Erika und erfreuliche Kriegsnachrichten. Man spürte in dieser wenige Monate dauernden Periode eine gewisse Entspannung der politischen Atmosphäre im Land. Wie schon erwähnt, war es ein offenes Geheimnis, daß der Reichsverweser Horthy dem neuen Ministerpräsidenten Graf Kállay den Auftrag erteilte, die Absichten der Westalliierten abzutasten. Selbstverständlich lobte die Presse gleichzeitig das »Dritte Reich« und dessen »genialen und Ungarn gegenüber wohlwollenden Führer«.

Am nächsten Tag fuhr ich von Budapest nach Salgótarján, um meine frühere Stellung im Glashüttenwerk wieder einzunehmen. Der Militärkommandant des Werkes, ein Oberst der Ungarischen Armee, war erstaunt, daß »ein Jude« aus dem Zwangsarbeitsdienst entlassen worden war. Trotzdem empfing er mich mit höflichen Worten und ordnete an, mir meine frühere Stellung freizumachen.

Ich mußte die Wohnung, in der ich vor meinem Einrücken mit meinen Kollegen wohnte, nach meiner für viele überraschenden Heimkehr verlassen, weil die beiden schon längst an der Ostfront waren und mein Gehalt nicht ausreichte, diese große Wohnung in Ordnung zu halten. Außerdem: Von einem jungen Kerl, darüber hinaus von einem Juden, schien es eine Provokation, eine solche Wohnung zu haben. Ich zog also als Untermieter zu einer anderen Familie.

Die Monate, die meiner Heimkehr nach dem 7. Mai 1943 folgten, verliefen schnell im Warten auf Wunder. Trotz Krieg, Todesgefahr, düster erscheinender Zukunft, hatte mich noch vor meinem Einrücken die Liebe getroffen. Nach meiner Heimkehr im Mai 1943 besuchte ich oft am Wochenende meine Erika in Miskolc, das von Salgótarján etwa 80 km entfernt liegt.

Damals studierte ich sorgfältig die Landkarte und machte Markierungen zur aktuellen Frontlage. Als die Kämpfe in Afrika zu Ende waren, erklärte ich meinen Kollegen im Werk, daß eine Landung in Italien zu erwarten sei. Sie sagten, ich sei ein törichter Träumer: »Wie können sie das Mittelmeer überqueren? Unmöglich.« – Da ich jeden Abend, trotz strengstem Verbot und als wäre dies ein unumgänglicher Befehl, den Londoner Rundfunk anhören mußte, war ich über die Kriegsereignisse besser informiert als meine Kollegen im Werk. Sie hörten nur den täglichen OKW-Bericht (Oberkommando der Wehrmacht) bzw. lasen in der ungarischen, nazifreundlichen Presse den Bericht und die verschrobenen Goebbelsschen »Erläuterungen« – das befriedigte die Bedürfnisse der gleichgeschalteten Gehirne völlig. Als am 10. Juli 1943 die Alliierten in Sizilien landeten, »beschuldigten« sie mich, mit dem Generalstab von Eisenhower in engem Kontakt zu stehen!

Nur stufenweise wurde mir klar, daß die Menschen das glauben, was sie wünschen. Ich bin kein Psychiater, brauchte aber auch keiner zu sein, um die geniale Gaunerei von Goebbels zu erkennen. Die Massen können leicht manipuliert werden, wenn man die durchschnittlichen Gedächtnislücken mit angeblichen Interessen verbinden kann.

Zwei Wochen nach der Landung waren Palermo, Messina und Catania in alliierter Hand und Mussolini entmachtet. In der Ukraine stieß die Rote Armee immer weiter nach Westen vor. Am 8. September 1943 kapitulierte Italien.

Im Mai 1943, kurz nach meiner Heimkehr, saßen wir zusammen, vier Freunde – zwei Juden, zwei Nichtjuden. Jeder von uns hatte ein Blatt Papier und ein Briefkuvert vor sich. Wir vereinbarten, einige Fragen zu stellen, und ein jeder verpflichtete sich, die Fragen zu beantworten, ohne die anderen über seine Antwort zu informieren und das Kuvert zu verschließen. Das Gelübde zwischen uns war folgendes: ein verläßlicher Freund sollte die gestempelten Kuverts für uns verwahren. Der bzw. die Überlebenden sollten sie nach dem Krieg öffnen und in die Papiere Einsicht nehmen.

Die Fragen lauteten:

1. Wer gewinnt den Krieg?
2. Landen die Alliierten an der Westküste, ja oder nein?
3. Die Lage Deutschlands bei Kriegsende?
4. Was geschieht mit den Juden in den kommenden Zeiten?

Ich war der einzige von uns vieren, der überlebte. Das heißt, ich konnte allein in die gestempelten Briefkuverts Einsicht nehmen. Ich fühlte mich sehr ergriffen, der Augenblick war fast unerträglich, als ich die Handschrift meiner verlorenen Freunde las. Wir alle waren davon überzeugt, daß Deutschland den Krieg verliert. Auch die Landung der Alliierten im Westen hatten wir richtig vorausgesehen. Spannungen zwischen dem Westen und den Russen hatten wir vermutet. Was wir aber falsch eingeschätzt hatten, war die Lage der Juden bei Kriegsende. Keiner von uns hat das Grauen der »Endlösung« geahnt.

Die zentrale Direktion der Firma in Budapest hatte nicht nur deutsche Staatsangehörige in der Produktion eingestellt – darüber schrieb ich bereits –, sondern versuchte, gewisse Reparatur- und Investitionsarbeiten mit bekannten deutschen Firmen zu verwirklichen. Außer politischen Überlegungen – »bei den Deutschen lieb Kind zu sein«, spielte auch eine wichtige Rolle, daß die beauftragten Firmen und Experten erstklassiges Ansehen genossen. Ich erinnere mich in diesem Zusammenhang an zwei interessante Begegnungen.

Die weitere technische Entwicklung betreffend, hatte man einen Universitätsprofessor – der Name ist mir entfallen – aus Berlin beauftragt, ein Gutachten über den Stand der Technologien des Werkes zu erstellen, verbunden mit Ratschlägen bezüglich des Entwicklungsprogramms. Das geschah im Oktober/November 1943. Als Betriebsleiter der Exportproduktion hatte ich regen Kontakt zu diesem Herren. Er war ungefähr 60 Jahre alt. Bei einem Gespräch unter vier Augen machte er eine unerwartete Bemerkung. Er sagte, es sei für ihn ungewöhnlich, aber ein angenehmes Gefühl, daß man ihm hier »Guten Tag« sage und sogar »den Hut abnimmt«. Er fügte diesem schnell weitere Worte hinzu, daß man Deutschland das Leben verweigern wolle, die Städte von den Briten und Amerikanern zerbombt würden, etc. – Er mußte ja seine, aus dem Innern kommenden Worte mit den üblichen Tiraden ausgleichen.

Ich bewahre auch ein anderes Gespräch im Gedächtnis, mit einem alten deutschen Ingenieur, der die Erneuerungsarbeiten des Topfofens bei mir leitete. Er war ein hochintelligenter Mensch. Wir saßen am Abend zusammen in einer gemütlichen Konditorei der Stadt und sprachen über den Krieg. Es war Dezember 1943. Er fragte nach meiner Meinung über den Krieg. Ich nehme an, er vermutete, daß ich Jude sei. (Die gelben Sterne mußten erst ab dem 5. April 1944 getragen werden.) Ich sagte ihm klipp und klar, daß Deutschland diesen Krieg verlieren würde, Stalingrad sei der Wendepunkt gewesen. Seine Antwort: »Man hätte diesen Schwadroneur schon in der Wiege umbringen müssen. Etwas wie in Italien sollte geschehen.« Ich war ganz erstaunt über diese Aussage, er mußte ja volles Vertrauen gehabt haben, daß ich kein Schwatzmaul war. Allerdings, noch heute gedenke ich mit Respekt dieser fast naiven Offenheit mir gegenüber, einem 23jährigen Rotzbengel.

19. März 1944: Mit diesem Tag begann eine der dunkelsten, wenn nicht gar die dunkelste Periode in der tausendjährigen ungarischen Geschichte. Diese Geschichte war bereits reich an Erschütterungen und Heimsuchungen: Die Mongolen überfielen 1241 das Land und hinterließen verbrannte Regionen, als sie sich dann plötzlich zurückzogen. Nach der Schlacht bei Mohács 1526 fiel das Land in die Hände der Türken, die 150 Jahre lang den mittleren Teil des Landes beherrschten. Der westliche Teil gehörte zum österreichischen Kaiserreich. Zeitweise fanden Unabhängigkeitskämpfe statt, die nie von Erfolg gekrönt waren. Der Aufstand im Jahr 1848 wurde von Wien blutig niedergeschlagen. Die sogenannte Aussöhnung, von der ich oben schrieb, war nur halbherzig und endete mit dem Zerfall der Monarchie 1918. Mitte der 30er Jahre des 20. Jahrhunderts, schloß sich die Außenpolitik des Landes völlig der deutschen an, in der Hoffnung, die nach 1920 verlorenen Gebiete zurückgewinnen zu können. Darüber berichtete ich in dieser Autobiographie ausführlich im einleitenden Kapitel.

Nach den schweren Niederlagen an der Ostfront beschloß Hitler bzw. das OKW im März 1944, Ungarn zu besetzen, um etwaigen Austrittsabsichten vorzubeugen, damit die Verbindungen zur Ostfront gesichert würden. Der Überfall war ein offener Bruch des Bündnisses.

Reichsverweser Horthy war einige Tage früher von Hitler nach Klessheim in Österreich eingeladen worden, wo man ihm die sofortige Besetzung des Landes mitgeteilt hat. Trotz seiner Empörung über das deutsche Vorgehen unterwarf er sich völlig den deutschen Wünschen. Mitglieder der Regierung und viele andere Politiker flohen, suchten Asyl bei ausländischen Botschaften, die deutsche Botschaft in Ungarn bzw. die SS übernahm die Macht. Horthy ernannte auf Druck des deutschen Botschafters Veesenmayer in Budapest den damaligen Botschafter des Landes in Berlin Döme Sztójay, einen Vertrauensmann der Nazis, zum neuen Ministerpräsidenten.

Die antijüdischen Maßnahmen sprudelten aus den Regierungskreisen, als hätte dieses unglückliche Land kein anderes Problem als das Dasein der Juden. Vom 5. April 1944 an mußten die Juden den gelben Stern tragen. (In diesem Zusammenhang erwähnte ich oben die Szene mit meinem Chef, Herrn Köhl.)

Die Stimmung im Land war entsetzlich. Presse und Rundfunk verbreiteten die blödesten Verleumdungen und Lügen über die Juden. Ich hörte auf der Straße folgende Unterhaltung zwischen zwei alten Frauen. Die eine sagte zur anderen: »Der Schlag soll die Juden treffen! Der Rabbi hier in der Stadt gibt aus seinem Bart den amerikanischen Negerpiloten Zeichen, wohin sie die Bomben werfen sollen.« – Völlig Irrationales hielt Einzug.

Ich war erleichtert, als man mich – endlich – am 12. April wieder zum Zwangsarbeitsdienst einzog und ich die grausige Atmosphäre dieser Stadt verlassen mußte. Ich fuhr mit dem Zug von Salgótarján nach Miskolc, wohin ich einrücken mußte. Mir gegenüber saß ein hochrangiger Herr der staatlichen Bahngesellschaft. Er sah den gelben Stern an mir und sprach mit mir. Er erzählte, daß sein 25jähriger Sohn den »törichtesten Nachrichten über die Juden Glauben schenkt« und fügte hinzu man wisse »überhaupt nicht, wie man die Leute wieder auf einen nüchternen Weg bringen kann.« Über den Stand des Krieges haben wir kein Wort gewechselt. Das war ein »Tabu«. Seine vorsichtige Einstellung zur Judenfrage deutete auf eine gewisse Verzweifelung über die Manipulierbarkeit der Massen und eine Ahnung über den Ausgang dieses Krieges hin.

In Miskolc erhielten wir die Aufgabe, Luftschutzkeller für die VII. Korpskommandantur zu bauen.

Auch Erika, das Mädchen, das ich Ende 1941 kennengelernt hatte, wohnte mit ihren Eltern in Miskolc. Ihr Vater, ein angesehener Rechtsanwalt, starb Mitte 1943 bei Kiew als Zwangsarbeiter, und zwar – laut Zeugenaussagen – nach der Besetzung durch die Deutschen. Der Kommandant dort befahl einigen, nach Minen zu suchen – ohne angemessene Aufklärung und ohne die entsprechenden Mittel. Der Kommandant wollte, daß sie starben.

In Miskolc hat man Ende April 1944 begonnen, also etwa zur Zeit der Ankunft unserer Kompanie, das Ghetto zu errichten. Da das Ghetto noch »offen« war, konnte ich dort meine Braut Erika besuchen. Unsere Arbeit, der Bau des Luftschutzkellers, war nicht streng von den Bullen kontrolliert: Man konnte manchmal den Arbeitsplatz verlassen, um ein bißchen Luft zu schöpfen. Eine solche Gelegenheit nutzte ich aus und ging in das Ghetto. In der Straße wußte selbstverständlich jeder, daß ich ein jüdischer Zwangsarbeiter war, da ich die gelbe Binde am Arm trug und die Mütze, das militärische Zeichen der ungarischen Armee. Ich fand Erika mit ihren Familienmitgliedern und anderen Familien in zwei kleine Stuben gepfercht, etwa 12 oder 14 Personen zusammen, darunter alte Leute und Kinder. Man kann sich vorstellen, wie dort eine Nacht verlief.

Meine zukünftige Schwiegermutter hatte mich aufgefordert, ihre Tochter zu heiraten. Sie glaubte an das Gerücht, wonach junge Ehepaare, deren Mann in der Armee dient, nicht »deportiert« würden. Ich erkannte solche Gerüchte als Blödsinn, aber ihre Augen waren voller Tränen, und sie flehte mich mit gefalteten Händen an, ihre Tochter zu retten. Ich habe damals vieles überlegt, aber eine »Heirat« war mir ferner als 100 Millionen Lichtjahre entfernte Gestirne.

Ich besaß das Soldbuch, und gemäß der damaligen Regelung, konnte ein Mitglied der Armee sofort heiraten. Man mußte die Zeit des Aufgebots nicht abwarten. Heute mache ich mir Gedanken darüber, daß Todeskandidaten, die wir ja waren, sich auf das Heiratsrecht mit dem Soldbuch beziehen konnten. Ghettoeinwohner, das heißt zum Tode bestimmte, auszurottende Würmer, konnten sich noch ein paar Wochen vor der Gaskammer auf bestimmte Rechte berufen. Das war eine Welt!

Wir gingen also zum Standesamt. Erika trug den gelben Stern, ich die gelbe Armbinde als Zeichen der verabscheuten Minderheit. Ein kurzer, aufschlußreicher und ermutigender Dialog entwickelte sich: Der Standesbeamte brüllte uns an: »Sie werden ja krepieren, warum wollen Sie heiraten?« Ich sagte: »Ist Ihnen nicht egal, ob Sie Aas und Gesindel vor ihrem Tod noch an der Wonne der Ehe teilhaben lassen?« Seine Antwort: »Da haben Sie Recht.« Er zog eine ungarische Fahne aus der Schublade, warf sie über seine Schulter und – im Namen des Gesetzes aus dem Jahr 1872 über die bürgerliche Ehe – erklärte er uns zu Mann und Frau. Nach dieser feierlichen und liebevoll organisierten Hochzeit ging meine »frischgebackene Gattin« Erika zurück ins Ghetto, das man am nächsten Tag zugesperrte, und ich erreichte unversehrt meinen Dienstplatz. Es war der 17. Mai 1944.

Am 29. Mai bombardierten die Amerikaner Stadt und Umgebung. Einige Tage vor dem amerikanischen Luftangriff gingen viele Transporte deportierter Juden durch Miskolc. Unser Nachtquartier war in der Nähe der Gleise. Wir erkannten schon am Rattern der Räder in der Nacht, daß »wieder ein Schreckenstransport« vorbeifuhr. Wir wußten nicht, wohin diese Höllenzüge fuhren, aber die Begleitumstände waren schauerlich. Einige meiner Kameraden konnten ein paar Worte mit ihren eigenen Frauen, Eltern, Kindern sprechen. Nur ein Shakespeare oder Dante hätte diese Szenen beschreiben können.

Der amerikanische Luftangriff beschädigte das Gleis am Bahnhof von Miskolc. Das war eine unerwartete Panne, welche die Ausführung der »großartigen« Pläne von Adolf Eichmann und seinen ungarischen Anhängern und kriechenden Knechten vorübergehend hinderte. Unsere Kompanie erhielt die »erhabene« Aufgabe, die Gleise zu reparieren, damit die »Säuberung Ungarns von den Schädlingen« reibungslos fortgesetzt werden konnte. Die überragende Bedeutung dieser Aufgabe wurde auch dadurch betont, daß selbst der Ministerpräsident Sztójay einen Besuch an Ort und Stelle abstattete, um mit eigenen Augen zu sehen, wie schnell die Gleise repariert wurden, um die Vernichtungspläne auszuführen. Der Vorsitzende einer mitteleuropäischen Regierung, Mitte des 20. Jahrhunderts, in meiner Heimat, hat seine Autorität dafür eingesetzt, die Vernichtung von 500.000 ungarischen Staatsbürgern zu beschleunigen, anstatt den Prozeß zumindest halbwegs zu sabotieren!

Ich sah selbst, wie das Volk zum Raub aufgehetzt wurde, und die Wohnungen der Vertriebenen ausplünderte. Aus Erzählungen weiß ich, daß die Gendarmerie auch Frauen körperlich geprüft hat, ob sie Schmuckstücke oder andere Wertsachen an ihrem Körper versteckt hätten. Es gab selbstverständlich auch einige, die helfen wollten, sogar tatsächlich geholfen haben. Der Terror nistete sich aber in allen Winkeln der Gesellschaft ein. Als mein Sohn noch ein Kind war, fragte er mich, ob ich bei der Deportation deutsche Soldaten gesehen hätte. »Nein«, antwortete ich, »der deutsche Druck kam von ›oben‹, die Menschenjagd war Aufgabe der ungarischen Gendarmerie, und die haben ihre ›edle‹ Pflicht erwartungsgemäß erfüllt.«

Am 16. Juni 1944 blieb wieder ein Höllenzug ein paar Minuten stehen – darin waren meine junge Frau und ihre ganze Familie. Einer meiner Kameraden flüsterte mir zu, ich solle hingehen, zum dritten Waggon, er wird meine Arbeit am Gleis fortsetzen. Es war ein heißer Sommertag. Die Fenster dieses Viehwagens waren mit Stacheldraht verschlossen, um die fast nackten, mit Bajonetten und Peitschen von der Gendarmerie dort hineingepferchten Menschen vor Angriffen von außen zu schützen, bevor sie in die Gaskammer getrieben wurden. In diesem Waggon waren 104 Leute, eine Frau hatte eben entbunden, ein alter Mann starb, und jemand brüllte wahnsinnig. Es gab kein WC.

Ich sah hinter meiner Frau ihre Mutter, ihre Großmutter und andere Familienmitglieder. Selbstverständlich wußte ich damals von den Gaskammern noch nichts. Meine Frau bat mich um ein Gläschen Wasser. In der Nähe war ein Wasserhahn, ich reichte ihr Wasser in meiner Schale hinauf, sah aber nicht, daß hinter mir ein Gendarm stand. Der gab mir einen Fußtritt, ich fiel zu Boden. Er ging stolz weiter, mit dem Gefühl der Zufriedenheit. Ein anderer Gendarm winkte mir, ich solle noch einmal Wasser holen. Nach drei bis vier Minuten bewegte sich der Zug wieder. Um diesen unter Angst und unbeschreiblicher Demütigung leidenden Menschen etwas Ermutigendes zu sagen, lief ich neben dem Waggon her und schrie:»Britische und amerikanische Panzerdivisionen nähern sich Paris.« – Das war damals noch nicht wahr, die Alliierten waren erst zehn Tage zuvor in der Normandie gelandet. Ich hatte die Großoffensive der Generäle Eisenhower und Montgomery »vorverlegt«.

Etwa eine Woche, nachdem der letzte Höllenzug vorbeigefahren war, bekamen einige Kameraden bunte Ansichtskarten aus Waldsee, in denen die Familienmitglieder berichteten:»Wir arbeiten.« Ich brauchte keine große Phantasie, um mir auszumalen, wie kleine Kinder, alte Frauen und Greise »arbeiten« könnten. Gesunde Männer zwischen 20 und 50 waren selten in diesen Zügen, denn sie waren ja alle schon längst in Arbeitslagern.

Ende Juni oder Anfang Juli 1944 geschah dann folgendes: Neben dem Bahnhof, wo wir arbeiteten, war ein Stellwerk und daneben eine kleine Hütte. Ein alter Arbeiter leistete dort seinen Dienst und hatte ein kleines Radiogerät. Er kümmerte sich nicht darum, daß ich dort während unserer kurzen Mittagspause an diesem kleinen Gerät herumspielte. Meine Kameraden hatten mich dank meiner Sprachkenntnisse darum gebeten, den Londoner Kurzwellensender abzuhören. Ich drehte nur ein wenig an der Einstellung des Apparates, und es war leicht, den Britischen Rundfunk zu hören.

Die Oberste Heeresleitung der Alliierten meldete Erfolge der Invasion: Cherbourg in amerikanischer Hand, die Cotentin-Halbinsel abgeschnitten ... Später hörte ich die folgende Nachricht:»Im KZ Auschwitz hat man begonnen, die deportierten ungarischen Juden in den Gaskammern massenhaft zu vernichten«.

Ich taumelte wie ein Irrsinniger aus dieser Bude heraus. Halb ohnmächtig ging ich an meinem »Arbeitsplatz« zurück. Meine Kameraden hörten mit der Arbeit auf – der Bulle war gerade nicht in der Nähe – und befragten mich nach den Nachrichten. Ich schilderte die militärischen Erfolge im Westen und den schnellen Vormarsch der Roten Armee im Baltikum in Richtung Warschau.

Einer der Zuhörer, der vor ein paar Wochen mit seiner ganzen Familie, Kindern, Ehefrau und Eltern, gesprochen hatte, als sie vorbeifuhren, interessierte sich nicht für die Kriegsnachrichten. Er erkundigte sich, ob ich etwas über die ungarischen Deportierten gehört hätte. Ich Blödian erzählte, was ich gehört hatte. Noch heute, nach über 60 Jahren, sehe ich sein verzerrtes Gesicht, seine unbeschreibliche seelische Qual. Völlig fassungslos brüllte er, erwähnte die Postkarten aus »Waldsee«, röchelnd schlug er auf mich los und stotterte: »Du lügst. Sag, daß Du gelogen hast!« Sein entstelltes Wesen, der Mensch, der vor meinen Augen von nie dagewesenen Schmerzen zusammenbrach, erzwang in mir praktische Reue. Ich bedauerte, daß ich außer den Frontnachrichten überhaupt etwas gesagt hatte. Aus Verzweifelung und unermeßlichem Mitgefühl beteuerte ich, daß ich einen dummen Witz gemacht hätte.

Erst nach Kriegsende erfuhr ich, daß – und wie sehr – auch meine eigene Familie von den Massenmorden in Auschwitz betroffen war: Der Bruder meines Vaters und seine Frau starben 1944 während der Deportation, ebenfalls ihre Töchter, meine Cousinen. Eine meiner Cousinen sah während eines sogenannten Appells in Auschwitz ihren Sohn vorbeischreiten. Sie lief ganz außer sich zu ihm und die beiden wurden von den »braven« SS-Leuten an Ort und Stelle erschossen.

Einige Tage nach den geschilderten Ereignissen, ganz genau am 14. Juli 1944, brachte man uns an die Ostfront. Am 16. Juli kam unsere Kompanie in Strij in der Nähe von Kolomea, also in der Westukraine, an. Teils in den vordersten Linien, teils einige Kilometer hinter der unmittelbaren Kampfzone erhielten wir unsere Aufgaben, Nachschub zu schleppen, Leichen zu begraben, usw.

Am 21. Juli erfuhren wir die Nachricht vom erfolglosen Attentat auf Hitler. Ich beugte stumm mein Haupt vor dem Held Oberst von Stauffenberg. Das absolut servile Verhalten der obersten Befehlshaber der Wehrmacht wie von Rundstedt, Kluge, Bock und anderen Hitler gegenüber nach dem Attentat war für mich ein Rätsel. Viele ließen sich eher abschlachten, als zu versuchen, mit mutigen Schritten den sicheren Untergang zu vermeiden. – Die Nachricht über das Attentat beeinflußte unsere Behandlung durch die Bullen in keiner Weise.

Die sowjetische Sommeroffensive trieb die ungarische Armee immer weiter gen Westen. Unsere Arbeitskompanie, eingegliedert in die Rückzugsarmee, marschierte Tag und Nacht unter dem Artilleriefeuer der Russen in westlicher Richtung zurück.

Am 25. August flüsterte mir ein ungarischer Soldat, der am Eingang eines Bauernhofes stand und unsere vorbeimarschierende jüdische Arbeitsdienstkompanie sah, folgenden Satz zu, als ich an ihm vorbeiging: »Die Stadt des Lichtes wurde befreit!« So erfuhr ich, daß Paris in alliierter Hand war. Dieses aufregend erfreuliche Ereignis bewegte mich, die »Marseillaise« – fast ungewollt – leise zu singen. Einer unserer Bullen, ein ungarischer Bauer, etwa 40 Jahre alt, fragte mich, was ich singe? Ich sagte ihm: »Eben hörte ich, daß die anglo-amerikanische Armee in Paris eingerückt sei.« Seine weitere Frage war: »Ist diese Stadt noch weit weg von Berlin?« Der nüchterne, einfache Ungar sehnte sich schon nach dem Kriegsende und war sich im klaren über den Ausgang des Krieges! Um mich auf das Winterwetter vorzubereiten, gelang es mir im Oktober, noch in der Karpaten während des ermüdenden, fürchterlichen Rückmarsches aus der Ukraine, aus einer jüdischen Synagoge, wo man in den Sommermonaten die den deportierten Juden geraubte Kleidung speicherte, einen Pelzmantel zu stehlen. – Den nahm mir später ein russischer Soldat weg, bzw. tauschte ihn gegen einen weniger warmen, kurzen Pelzmantel mit den Worten aus: »Russki soldat xoroscho, nje zabrajet« (»Ein russischer Soldat ist gut, er stiehlt nicht.«) In dieser Stadt Mármarossziget in den hohen Karpaten (heute Rumänien) hörten wir im Radio die berühmte Ansprache des Reichsverwesers Horthy am 15. Oktober 1944 über den vereinbarten Waffenstillstand mit der Sowjetregierung. Dieser verfehlte Waffenstillstand, den die ungarischen Nazis in Zusammenarbeit mit der Nazibotschaft in Budapest zum Scheitern brachten und mit dem sie Ungarn zum letzten Satelliten Hitlerdeutschlands machten, kostete das Land, bzw. die Nation riesige materielle und moralische Verluste. Der 15. Oktober 1944 brachte die mörderischen Pfeilkreuzler an die Macht. Sinnlos wurde der Krieges dadurch um einige Monate verlängert, das Land zum Kriegsschauplatz gemacht und Budapest fast in einen Trümmerhaufen verwandelt. In der ungarischen Bevölkerung wurde unermeßliches Leid verursacht. Zehntausende Juden, darunter einige meiner Familienmitglieder, wurden erschossen und ihre Leichen in die Donau geworfen.

Wir legten bis Ende November 1300 km meist zu Fuß zurück, bis wir am 29. November 1944 in einem kleinen ungarischen Dorf mit dem Namen »Ujkovár« haltmachten – damals gehörte dieses Gebiet zu Ungarn, heute zur

Slowakei. Dieses Dorf liegt in der Nähe der heutigen ungarisch-slowakischen Grenze. Wir übernachteten dort in Scheunen, und in der Frühe waren wir zu unserem Erstaunen von deutschen Soldaten umgeben. Unsere ungarischen Wächter, die Bullen, waren verschwunden.

Als ich die deutschen Soldaten sah, schien es mir, daß ich in der vergangenen Nacht, halb im Schlaf, die Stimme des Befehlshabers unserer Arbeitskompanie gehört hätte, als er mit seinen Bullenkameraden sprach: »Wir dürfen diese Leute nicht lebendig auf die andere Seite gehen lassen.« Als ich die deutschen Soldaten erblickte, erinnerte ich mich an diese unheildrohenden Worte. Die Absicht war klar: Nicht die ungarischen Soldaten, sondern die Deutschen sollten uns erschießen. Doch es kam ganz anders.

Der Befehlshaber der deutschen Soldaten, ein gewisser Herr Feldwebel Dr. Eck, befahl uns, eine Reihe zu bilden und Habachtstellung einzunehmen. In diesem Augenblick wußten wir noch nicht, aus wieviel Soldaten diese deutsche Einheit bestand, und ob sie der Waffen-SS oder der Wehrmacht angehörten. Allerdings war ich davon überzeugt, daß unser Leben jetzt zu Ende ginge. Wir alle warteten auf Maschinengewehrfeuer.

Es ist schwer, die kollektive Grabesstimmung und die Gedankenblitze der Einzelnen zu vermitteln. Die Vergeblichkeit des menschlichen Lebens, der Anstrengungen, etwas zu erreichen, die Sackgasse, in die man sich in diesem verfluchten Mittelosteuropa manövriert hatte, das vollständige Scheitern der mit größter Sorgfalt und fast übertriebenem Eifer verfolgten Integrationsversuche der ungarischen Juden seit Beginn der Emanzipation zur Zeit der Königin Maria Theresia, (1740–1780), die hoffnungslose Anbetung der rot-weiß-grünen Fahne, das alles glich einer Farce, all das glitt mit Lichtgeschwindigkeit durch meinen Kopf.

In dieser Todesatmosphäre erklang die Stimme des Feldwebels:»Meine Herren!«Ich glaubte, ich träumte oder ich erläge einer Halluzination. Er fuhr fort:»Wer unter Ihnen spricht deutsch, ich brauche einen Dolmetscher?«Meine Kameraden schrieen meinen Namen, da sie wußten, daß ich Deutsch sprechen konnte. Der Feldwebel, unser neuer Kommandant, ernannte mich zu seinem Dolmetscher.

Diese»Ernennung«entlastete mich jedoch nicht von der vorgegebenen Arbeit: Bereits seit vielen Monaten hatten wir auf den Friedhöfen der Dörfer Schützengräben ausgehoben. Das taten wir auch am 30. November, dem Tag, nachdem uns die Wehrmachteinheit übernommen hatte. Ein Gefreiter, Hans Moosbrucker, erschien in der Frühe. Er kannte mich schon vom Vortag, als der Feldwebel mich zum Dolmetscher ernannt hatte. Er kam zu mir, machte eine Geste mit den Händen und sagte: »Bitte, machen Sie diese Arbeit ein bißchen schneller, die Russen sind gleich hier, und Sie sind noch immer nicht fertig.«Ich blieb bewegungslos, wußte nicht, was dabei herauskommen sollte. Ich erinnere mich, ich machte eine nervöse Bewegung mit meinem Arm und fragte:»Wie lange dauert dieses Spiel noch?«»Fünf Monate«, war seine Antwort. (Er war das Datum betreffend ein Hellseher.) Ich reagierte nicht, glaubte, vielleicht war er auch Opfer der albernen Propaganda über»Wunderwaffen«, wonach die Alliierten in die See geschleudert würden und die Russen plötzlich zusammenbrächen. Er setzte aber fort:»In zwei, drei Monaten bin ich amerikanischer Staatsbürger.«»Wieso?«fragte ich. Er:»Ich bin aus Frankfurt am Main und in der Nacht haben Panzerdivisionen des Generals Patton die Frontlinie durchstoßen und nähern sich Frankfurt.« – Ich:»Was ist hier im Osten los?« Antwort:»200 russische Divisionen strömen aufs Reichsgebiet. Deutschland wird von den feindlichen Armeen besetzt, was weniger schlimm ist als die Naziherrschaft.«»Das sagt ein deutscher Soldat?« fragte ich. Er:»Etwas Schlimmeres, als die Naziherrschaft, kann uns Deutschen nicht zuteil werden.«

Unsere ungarischen Bullen hatten also die »Auszurottenden« einer Wehrmachtseinheit übergeben, die Hitler und seine Helfershelfer ebenfalls haßte. Nur langsam erfaßte ich dieses unerwartete Glück. Moosbrucker ist fast mein Freund geworden. Er erläuterte mir die Arbeitswerttheorie von Karl Marx, wir erörterten die unvergeßlichen Werte der deutschen Literatur. Goethe, Schiller, Heine, Lenau, Kleist und Thomas Mann waren unser Gesprächsthema. Ich erzählte ihm begeistert meine Erlebnisse aus der Jugend, als mein Vater über Kant und Schoppenhauer sprach.

Unser Kommandant wohnte bei einem älteren, verhältnismäßig wohlhabenden Bauern. Uns hatte man im Kuhstall untergebracht. Ich versuchte, möglichst in der Nähe einer Kuh zu liegen, damit ich die von der Kuh ausstrahlende Wärme spüren konnte. Denn die Nächte Ende November in Mitteleuropa sind ziemlich kühl, sogar kalt, trotz des oben erwähnten Mantels. Der Argwohn, daß man uns heimtückisch in der Nacht umbringen wollte, schwand nur allmählich.

Einmal rief mich der Feldwebel, um seinem Gastgeber, dem Besitzer des Bauernhofes, etwas zu übersetzen. Der einfache Bauer wollte dem Deutschen immer »gute Nachrichten« sofort weitergeben, die er im Budapester Nazirundfunk gehört hatte. Diese Nachrichten, im November 1944, waren so töricht, daß der Feldwebel sich gezwungen fühlte seinen Gastgeber aufzuklären, bzw.

diesem Blödsinn ein Ende zu machen. Der Feldwebel sagte folgendes auf deutsch und ich übersetzte es dem Alten, der untertänig, sich fast verbeugend, zuhörte. Der Feldwebel:»Bitte, sagen Sie Onkel Janosch Punkt eins: Das nächste Mal soll er mich in der Frühe nur dann aufwecken, wenn er die Friedensglockenschläge mit eigenen Ohren hört. Punkt zwei: Im Jahre 1942 haben wir über die Russen einen Sieg nach dem anderen erzielt. Die Russen brachen nicht zusammen. Wie kann also ein normaler Mensch sich vorstellen, daß sie heute, Ende 1944, wo sie uns Deutsche laufend schlagen, zusammenbrechen?« Dies waren starke Worte! Der Alte schaute beschämt um sich, ich habe ihn fast deswegen bedauert. Er wollte den Feldwebel ermuntern, und der reagierte mit diesem Sarkasmus.

Am 9. Dezember 1944, zehn Tage, nachdem man uns den Deutschen überstellt hatte, kam Moosbrucker in der Frühe vor Arbeitsbeginn zu mir und sagte:»In der Nacht haben wir die Anweisung erhalten, Ihre Kompanie in ein österreichisches KZ zu bringen.« Nach dem Krieg erfuhr ich den Namen dieses berüchtigten Konzentrationslagers, wo auch viele meiner Angehörigen und Freunde litten und einige starben, es war Mauthausen.

Während Moosbrucker sprach, hörten wir alle den Kanonendonner der russischen Artillerie. Sie war nicht mehr weit. Er stellte fest»Ihr physischer Zustand erträgt die Verhältnisse eines KZs nicht. Ich rate Ihnen, sofort zu fliehen.« Er wußte aus meinen Erzählungen, daß ich in der Glashütte Salgótarján gearbeitet hatte. In der Nähe unserer Arbeitsstelle stand ein Verkehrsschild »Salgótarján 60 km«. Das heißt, ich war rein geographisch nicht sehr weit weg von zu Hause. Moosbrucker erläuterte mir meinen Fluchtweg. Wir befanden uns im Norden eines kleinen Flusses, »Ipoly« genannt. An der südlichen Seite lag das Dorf »Drégelypalánk«, und eine Brücke verband die beiden Seiten miteinander. Er sagte, die Brücke würde um 15 Uhr gesprengt, ich solle vor 13 Uhr über diese Brücke gehen und mich dann dort irgendwie verstecken. Er fügte hinzu: »6 km von Drégelypalánk entfernt liegt ein kleines Dorf, Nagyoroszi. Die Russen haben gestern abend dieses Dorf besetzt. Es ist absolut sicher, daß sie Drégelypalánk heute nachmittag, das heißt Freitag, den 9. Dezember, besetzen werden. Wenn Sie«, so sagte er, »nur etwas Glück haben, sind Sie am späten Nachmittag schon auf russisch-besetztem Gebiet. Dann hängt Ihr weiteres Schicksal nicht mehr von der Naziherrschaft ab.« Er fügte noch hinzu: »Nehmen Sie jemanden mit, der vielleicht den Weg und die Stadt, in der Sie arbeiteten, gut kennt. Also: nicht zögern, sondern sofort fliehen, nachdem Ihre Kompanie aufbricht und den Marschbefehl vom Feldwebel hört.«

Das waren die letzten Worte des deutschen Soldaten Hans Moosbrucker zu mir, einem jüdischen Sklaven aus Ungarn, und er rettete mein Leben. Ich spürte, er sehnte sich nach einer besseren Zukunft, einem von den Nazis befreiten Deutschland, und fürchtete zugleich die unmittelbar vor ihm stehenden Monate. Er blieb für mich das Symbol der »anderen Seite der deutschen Seele«, nämlich jenes Volkes, das die Welt mit Beethoven, Goethe, Kant, Hegel, Schopenhauer, Schiller, Leibniz, Gauß, Planck, Heisenberg und den vielen anderen beschenkte: Tiefe des Denkens, Weisheit, Intelligenz, Menschlichkeit, jene Eigenschaften, die meine Eltern vor dem Dritten Reich so hochgeschätzt hatten. Das klingt vielleicht ein wenig pathetisch, aber beim Abschied von ihm konnte ich diese Gedanken in mir nicht verdrängen. In dieser Hinsicht bin ich »stockkonservativ« geblieben, die genannten Namen und andere, die ich nicht erwähnte, verkörpern noch heute den »deutschen Geist« für mich. Ich überlegte kurz was Moosbrucker mir gesagt hatte. Es war klar, daß wir nicht alle jetzt davonlaufen konnten. Im langen Marsch von Kolomea bis zu diesem kleinen Dorf hatten wir hier und da beobachtet, daß dieser oder jener Kamerad verschwunden, wahrscheinlich geflohen war. Aber niemand wußte darüber genau Bescheid. Ich stand vor der Wahl: Entweder machte ich, was Moosbrucker mir empfohlen hatte, oder ich bliebe in dieser Einheit bis zum Kriegsende, bzw. bis zu meinem Tode. In der Kompanie hatte ich einen Freund, der gebürtiger Salgótarjáner war. Ihm erzählte ich von Moosbruckers Vorschlag. Wir entschieden, daß wir beide seinem Rat folgen wollten.

Bevor wir uns auf den Fluchtweg begaben, blieben wir hinter der marschierenden Kompanie zurück. Das war für niemanden auffällig, weil viele von uns unter Durchfall litten und oft zurückbleiben mußten. Als die Kameraden mit den deutschen Bullen vorbeimarschiert waren, hielt uns eine ungarische Bäuerin an und lud uns zum Essen ein. Mein Kamerad und ich waren mißtrauisch, ob man uns nicht in eine Falle locken würde. Trotzdem folgten wir der Einladung. Nach einem reichhaltigen Essen schenkte uns die Frau Milch in meine Feldflasche ein. Diese Milch spielte einige Stunden später eine komisch-interessante Rolle.

Wir verließen das freundliche Bauernhaus und gingen zu der Brücke. Es war gegen 12 Uhr Mittag. Vor der Brücke hielt uns ein ungarischer Feldgendarm an und fragte, wohin wir gehen wollten. Ich zitterte vor Angst, bewahrte jedoch meine Geistesgegenwart und antwortete ruhig: »Wir folgen unserer Kompanie, mein Fuß ist verwundet, meine Zehspitzen bluten und ich kann daher nur langsam unseren Kameraden folgen.« – Eine Zehe war tatsächlich blutig, weil die Sohle des Schnürstiefels fast völlig abgewetzt war. – Er blickte auf meinen Fuß, sah etwas Rötliches und ging weiter.

Bevor wir die andere Seite der Brücke erreichten, sahen wir in der Ferne einen Verkehrspolizisten mit dem Pfeilkreuz an seinem Arm, erschrocken sprangen wir in den Straßengraben und krochen vorwärts. In einer Meierei sahen wir Tiger-Panzer. Schließlich konnten wir ein kleines Bauernhäuschen finden, bei dem kein Panzer stand und dessen alte Bäuerin sehr freundlich war. Sie ließ uns in ein winziges Zimmerchen hinein, dessen Fenster mit dunklem Papier bedeckt war, damit bei Luftalarm kein Licht von außen her zu sehen war. Sie gab uns zu trinken und ging in den Keller, weil – wie sie sagte – der »große Tanz« zu erwarten sei. Ein paar Minuten später begann dieser Tanz. Granathagel fiel auf das Dorf, in unserer Nähe schlugen die Granaten auf die Häuser und auf den Boden, um 16 Uhr 30, im abendlichen Licht erblickten wir die russische Infanterie. Es war der 9. Dezember 1944.

Ich wußte, daß ein Abschnitt meines Lebens zu Ende war. Was jetzt auf uns zukommen würde, davon hatte ich keine Ahnung. Trotz der vollständigen Ungewißheit über die Zukunft fühlte ich Erleichterung und dankte innerlich dem Gefreiten Moosbrucker, von dem wir vor neun Stunden für immer Abschied genommen hatten, und der kleinen Wehrmachtsgruppe, die der Goebbelsschen Verblendungs- und Lügepropaganda Widerstand leistete.

Die Schindeldächer einiger Häuser ganz in der Nähe unserer Hütte brannten, weil der Wind die Flugasche des brennenden Brennstoffes der Panzer dorthin geblasen hatte. Wir verließen die kleine Hütte ohne unsere Habseligkeiten und wollten den Bauern beim Löschen helfen.

Eine russische Infanteriekolonne besetzte das Dorf Drégelypalánk und ein Major, der Befehlshaber dieser Kolonne, sichtlich benebelt und singend, ging genau in das Zimmerchen, in dem wir vor paar Minuten gewesen waren. Ich konnte mit meinem Kameraden nicht mehr zurückgehen, um unsere Sachen zu holen. Als wir unsicher vor dem Eingang standen, packten uns zwei asiatisch aussehende Soldaten und führten uns energisch zum Major. Offenbar schienen wir mit unserem Hin- und Herwackeln verdächtig zu sein. Der Major brüllte mich an:»Vino jesty?« (»Habt Ihr Wein?«) Ich kannte einige slowakische Wörter, meine Antwort war:»Vino nje, alle mleko«. (»Wein nicht, aber Milch«). Der Major schaute sich um und schrie:»Mleko?? Pfuj«, und winkte seinen Soldaten, damit sie diese Verrückten rauswarfen. Wahrscheinlich war er davon überzeugt, Leute, die einem russischen Offizier in der Kampfzone Milch statt Wein anbieten, seien verrückt. Mit denen sollte man sich nicht in ein Gespräch einlassen. Die seien keine Spione, sondern gehörten in ein Irrenhaus. So verlief meine erste Begegnung mit der Sowjetarmee. Bis heute bin ich der Bäuerin dankbar, die mir Milch in die Feldflasche gefüllt hatte.

Die erste »freie« Nacht verbrachten wir in einer verlassenen Küche. Es war kalt. In der Frühe brachen wir auf, hungrig und schmutzig, voller Läuse und unzureichend gekleidet gingen wir neben der Landstraße hinaus aus dem Dorf. Am Ortsrand von Drégelypalánk fanden wir die von der russischen Artillerie zerschossenen Tiger-Panzer. Leichen lagen neben den Panzern, wahrscheinlich waren diese Männer gefallen, als sie die Panzer verlassen und versucht hatten, zu Fuß zu fliehen. Ich sah ein Paar Stiefel dort liegen. Da meine Schnürstiefel bereits völlig abgewetzt waren, dachte ich, diese für mich aufzuheben. Als ich einen davon in die Hand nahm, hörte ich von hinten: »Hände hoch, keine Bewegung, geben Sie die Stiefel mir, sonst erschieße ich Sie.« Ein Zivilist stand hinter mir mit einem Revolver. Natürlich gab ich ihm, was er forderte. Ein Widerstand wäre sinnlos gewesen. »Soll ich hier für ein Paar Stiefel sterben, wenn es mir doch glücklich gelungen war, die Naziherrschaft zu überleben?«, dachte ich. Nach diesem Zwischenfall marschierten wir weiter. Ich sah neben einer Leiche eine warme Decke. Ich schaute mich um, jetzt bedrohte mich kein Revolver, und der Winter war schon nahe. In der Nacht muß man sich ja mit etwas bedecken, dachte ich, hob die Decke auf und warf sie über meinen Arm. Etwas hatte ich aber übersehen: Auf der Außenseite prangte ein Hakenkreuz! Dieses Zeichen kostete mich wieder fast das Leben! Wir beide wanderten langsam weiter. Auf einmal begegnete uns ein russischer Soldat, ein Feldwebel. Auf der anderen Straßenseite standen junge Strolche.

Der Russe kam mit einer Kalaschnikow zu mir und sprach zu den Jungen, die am Rande neugierig zuschauten und auf eine Beute warteten. Der Russe, seinen Zeigefinger auf mich, bzw. auf das Hakenkreuz gerichtet, fragte: »Nemecki Offizer?« (»Deutscher Offizier?«) Verärgert schrie ich den Jungen auf ungarisch zu: »Ich bin ein ungarischer Jude, vor ein paar Stunden bin ich aus deutscher Bewachung geflohen!« Die Jungen antworteten dem Russen: »Da, da.« »Ja, ja«, heißt das, sie bejahten die Behauptung des Russen, daß ich ein deutscher Offizier sei, obwohl sie wußten, daß sie logen. Sie sahen nämlich, daß er ihnen meine Armbanduhr hinwerfen wollte. Tatsächlich tat er das. Für die Jungen lohnte es sich, zu lügen. Der Russe legte seine Waffe auf meine Brust an und wiederholte: »Pajgyom wojennij Kommendant.« (»Gehen wir zum Kommandanten.«) Ich kann mich ganz klar daran erinnern, was für Gedanken durch meinen Kopf gingen. »Gestern noch hat mich ein Nazi-KZ gedroht, jetzt glaubt ein Russe, ich sei deutscher Offizier, und will mich zum Kommandanten bringen und vielleicht ganz einfach erschießen lassen?!« Während dieser Szene kam ein russischer Soldat vorbei. Er fragte in jiddischer Sprache meinen Kameraden: »Bist net e jid?« (»Seid Ihr Juden?«) Gott sei Dank, mein Freund sprach gut jiddisch – ich sprach nur hochdeutsch –, bejahte die Frage und erklärte, daß wir gestern aus dem deutschen Zwangsarbeitsdienst geflohen seien. Dieser russische Soldat – offenbar ein Jude – erläuterte dem Feldwebel unsere Situation. Der Feldwebel verstand sie dann und gab uns ein Dokument, mit dem wir weitergehen konnten.

Wir wanderten bzw. schlichen von einem Dorf zum anderen, Richtung Salgótarján. Täglich legten wir drei bis vier Kilometer zurück. Auf den Straßen kamen uns oft russische Regimenter, Infanterie, Artillerie sowie Kavallerie entgegen. Meistens übernachteten wir in Ställen und Scheunen. Merkwürdigerweise haben wir immer von russischen Soldaten zu essen bekommen. In jedem Dorf stellten wir uns ganz einfach dorthin, wo der Koch den Soldaten die Verpflegung austeilte, reichten unsere Eßschalen hin und bekamen, was die Soldaten bekamen. Übrigens: Noch heute bin ich dem Schicksal dankbar, daß wir – zufällig – nicht in russische Gefangenschaft gerieten. Daß dies ein Zufall war, zu dieser Überzeugung kam ich erst später, nach meiner Ankunft zu Hause.

Vor Weihnachten, am 22. Dezember, gelangten wir in ein Dorf, das schon ganz in der Nähe von Salgótarján lag. Hier mußten wir bei einem Vorarbeiter, den ich kannte, im Kohlebergwerk und in seiner Wohnung drei Nächte verbringen, weil unser Ziel noch von den Deutschen be-

setzt war. Am 25. Dezember, dem ersten Weihnachts-
feiertag, teilte uns unser Gastgeber mit, daß die Russen in
Salgótarján waren. »Sie können nach Hause gehen«, sagte
er.

Um zehn Uhr vormittags, müde, fast barfuß, voller
Läuse, ohne die geringste Nachricht, ob noch jemand
meiner Familie lebte, stand ich vor dem Eingang der
Glasfabrik, die ich am 11. April 1944 ohne Hoffnung auf
Rückkehr verlassen hatte. Was in diesen vergangenen
Monaten geschehen war, kam den Ereignissen in einem
Jahrhundert gleich.

Beginn des neuen Lebens

Am Tor der Fabrik standen mir bekannte Arbeiter. Diese gafften mich staunend an, als wäre ich nur eine Kopie ihres früheren Betriebsleiters oder als wäre ich eben aus dem Grab auferstanden. Wahrscheinlich hatten sie es nie für möglich gehalten, daß ein Jude die Deportation überleben könnte. Meine erste Frage war, ob derjenige, dem ich meine Sachen, Kleidung, Bücher und anderes übergeben hatte, als ich den Einrückungsbefehl erhielt, noch lebte?»Ja«, sagte einer und fügte sofort hinzu, man habe ihn schon benachrichtigt, er komme sofort. Sein Sohn kam und forderte mich auf, ihm zu folgen. Seine Mutter wärme schon das Wasser im Backtrog, um mich gründlich einzureiben und von den Läusen zu befreien. Ich brauchte diese einfache, kluge Arbeiterin nicht darüber aufzuklären, was sie mit mir machen sollte. Sie befahl mir, mich zu entkleiden und ins heiße Wasser zu steigen. Meine hingeworfenen, verlausten, unsagbar schmutzigen Sachen zündete sie mit Benzin an. Als sie sah, daß ich mich schämte, nackt vor ihr ins Wasser zu steigen, schrie sie mich an:»Hören Sie auf, hier prüde zu sein, wollen Sie nicht vom Schmutz und von den Läusen befreit werden?« Dann brachte sie mir meine längst vergessenen Kleider, Wintermantel, Wäsche – Sachen, die ich als Wunder empfand. Neugeboren ist nicht der richtige Ausdruck für meine damaligen Gefühle. Die Welt, in der ich wieder ankam, erlebte ja selbst gerade eine Wiedergeburt. Das war ein noch unbekanntes, mit Vergangenem nicht vergleichbares Phänomen, vor dem viele Angst hatten. Andere jedoch, wie ich, hegten die Hoffnung, daß etwas Besseres aus den materiellen und moralischen Ruinen entstehen würde.

In der neuen alten Kleidung bekam ich eine Einladung zum Mittagessen vom technischen Direktor des Werkes. Erst mußte ich noch zum Friseur gehen, weil ich meine Haare seit April nicht hatte waschen können. Ich muß sagen, ich bedauerte den armen Mann mit seinen zunächst erfolglosen Versuchen, mein Haar in einen gehörigen Zustand zu bringen. Nachdem es doch gelungen war, ging ich in die Wohnung meines Werkschefs, um seiner Einladung zum Mittagessen Folge zu leisten. Dort erfuhr ich, daß der russische Kommandant des Werkes ihn in seiner Position bestätigt hatte.

Andere Gäste nahmen ebenfalls am Essen teil. Es kam zu einer Auseinandersetzung zwischen mir und einem der Gäste. Der Betreffende beschimpfte die Russen und gab seiner Hoffnung Ausdruck, daß in den Kriegsereignissen noch eine Wende möglich sei. Ich behauptete: »Der Stahlring um Deutschland wird die Kapitulation erzwingen.« Da hörte ich von ihm die Bemerkung: »Da werden noch die Deutschen etwas dazu zu sagen haben.« »Nicht mehr viel«, sagte ich. Mein Chef bereitete dieser für ihn unangenehmen Diskussion schnell ein Ende.

Warum erwähne ich hier dieses Ereignis? Es wirft ein Licht auf die wahren Gefühle und die Mentalität einiger meiner Landsleute damals. Ein paar Monate zuvor hatte man aus diesem Land 500.000 Juden, ungarische Staatsbürger, etwa 5% der heutigen Bevölkerung Ungarns, darunter etwa 20.000 aus dieser Stadt, in die Vernichtungslager geschleppt. Die Teilnehmer am Tisch wußten alle, daß meine Angehörigen den Greueltaten der Nazis zum Opfer gefallen waren und es mir irgendwie gelungen war, zu entkommen. Das heißt, das geringste Mitgefühl oder eine Verurteilung des Grauens fehlten bei einigen völlig. Darüber hinaus verloren viele Menschen aus Angst vor den Russen jegliches Gefühl für die Realität und wollten nicht zur Kenntnis nehmen, daß der Krieg vorbei und die alte Welt in der Tiefe versunken war.

Nach dem Mittagessen war noch nicht klar, wo ich wohnen würde. Vor meinem Einrücken wohnte ich als Untermieter bei einem Rechtsanwalt. Er wurde samt Familie deportiert, seine Wohnung war bereits von anderen bewohnt. Der alte Direktor des Werkes, der Vorgesetzte des technischen Direktors, wurde vom russischen Kommandanten ebenfalls als verantwortlicher Leiter des Werkes bestätigt. Er bot mir – bis auf weiteres – an, bei ihm, bzw. bei seiner Familie zu wohnen. Ich nahm dieses freundliche Angebot an, kannte ich doch seine Ansichten über den Krieg von früher. Er abonnierte während des Krieges die Schweizer Zeitung »Journal de Genève«, war kein Antisemit.

Am selben Tag meines Einzuges bei ihm, mußte er ein anderes Zimmer seines Hauses dem Berichterstatter der »Prawda«, einem Major, zur Verfügung stellen. Dieser arbeitete beim Generalstab des Marschalls Malinovsky, dessen Hauptquartier eine Weile, während der Belagerung von Budapest, ausgerechnet in Salgótarján war. Der Major sprach etwas deutsch. Er war ein redseliger Mann. Ich erinnere mich, daß er eines Tages, am Abend nach der Rückkehr von seiner Arbeitsstelle, den Direktor und mich zu einem Gespräch einlud: Er fing mit einem Trinkspruch an und mit dem Ellbogen hat er den alten Direktor freundlich angestoßen: »Papa, russisch lernen. Ungarland, Finnland, Rumania, Bulgaria, Poland, Tschechoslowakia, Jugoslawia, budet (= wird) Sowjetunion.« Na, da hast du's! Erst dachte ich, wegen der unzulänglichen Deutschkenntnisse hätte er sich kurz und mißverständlich ausgedrückt. Die Geschichte der zweiten Hälfte des 20. Jahrhunderts bewies jedoch, daß der Major der Roten Armee, Berichterstatter der Prawda in der unmittelbaren

Kampfzone, die kommenden Jahrzehnte fast richtig prophezeite.

Im Werk begann man mit den Vorbereitungen zur Wiederaufnahme der Produktion. Ich erfuhr, daß der Chefingenieur den Befehlen der Pfeilkreuzlerbehörden zur Verlegung der Maschinen nach Deutschland widerstanden hatte und mit Hilfe zuverlässiger Arbeiter die für die Produktion wichtigsten Gegenstände geschickt versteckt hatte. Trotz seiner Anstrengungen, die Aufnahme der Produktion zu beschleunigen, stieß er auf Schwierigkeiten wegen Mangels an Rohmaterial. In diesen Anfangstagen fand ich nur wenig Beschäftigung für mich.

Die Belagerung der Hauptstadt Budapest war im Gange. Sie dauerte vom 24. Dezember 1944 bis 11. Februar 1945. Einen Tag vor dem deutschen Überfall auf Ungarn am 18. März 1944 hatte ich in Budapest Abschied von meiner Mutter und meinem Bruder genommen. Seither hatte ich keine Nachrichten von ihnen, weder über sie noch über andere Familienmitglieder. Ich war davon überzeugt, daß meine Frau, die ich im Waggon am 16. Juni gesehen hatte, die Deportation nicht überstanden hatte. Die Belagerung von Budapest hinderte mich daran, in Salgótarján etwas über das Schicksal meiner Mutter zu erfahren. Ich versuchte, meine Einsamkeit mit verschiedenen Tätigkeiten zu lindern.

Gegen Mitte Januar 1945 kam derselbe Arbeiter zu mir, der mich bei meiner Ankunft am Eingang des Werkes am 25. Dezember erblickt hatte. Er legte ein dünnes Heftchen auf den Tisch und sagte: »Die Kommunistische Partei Ungarns trat aus der Illegalität in das öffentliche Leben. In unserer Stadt hat man begonnen, die Partei zu organisieren. Hier in der Glashütte haben sich bereits einige der Partei angeschlossen. Dieses Heft enthält die Namen und Unterschriften der neu Eingetretenen. Wollen Sie Mitglied werden?«

Die Arbeiter wußten, daß mein Onkel vor dem deutschen Überfall Generaldirektor der Firma war. Es war ebenfalls zu erwarten, daß er – wenn es ihm gelungen war, den Krieg zu überleben – in seine frühere Position wieder eingesetzt würde. Sein Neffe wurde jetzt aufgefordert, in die Partei einzutreten, die die kapitalistische Wirtschaft aufheben wollte. Die Aufforderung hätte auch ein taktischer Zug sein können, den Neffen der Zentralen Direktion entgegenzusetzen, wenn auch der junge Betreffende (ich) auf das Schicksal der Firma geringen Einfluß hätte.

Ich erbat 15 Minuten Bedenkzeit. Nach Ablauf dieser Viertelstunde unterschrieb ich meinen Eintritt in die Kommunistische Partei.

Was waren meine Beweggründe und was für Kenntnisse besaß ich über diese Partei? Ein unvorstellbar verheerender und grausamer Krieg ging seinem Ende zu. Im Wirbel der Verwüstungen herrschte eine Ideologie, die zwischen Menschen und Rassen eine Werteskala aufgestellt hatte. Danach gab es wertvolle, weniger wertvolle und wertlose, das heißt schädliche Rassen unter den Menschen. Die schädlichsten waren die Juden und auch die Zigeuner. Sie waren auszurotten. Im Zeichen dieser Ideologie tobte der absolute Irrationalismus. Man versuchte, jene Rasse auszurotten, zu der im deutschen Sprachgebiet Heinrich Heine, Felix Mendelssohn Bartholdy, Sigmund Freud, Karl Marx, Albert Einstein, Fritz Haber, in Ungarn Ferenc Molnár, Imre Kálmán, Antal Szerb, Miklós Radnóti, Frigyes Karinthy und viele andere gehörten. Ein Gesellschaftssystem das die menschenfeindlichste Ideologie zum seinem höchsten Gesetz hob und dadurch »gesetzmäßig« viele Millionen Menschen systematisch in Gaskammern ermordete, mußte für immer und überall zerstört werden. Diese Überlegung bewog mich zum Eintritt in die Kommunistische Partei.

Eine anderes, scharf zu kritisierendes Phänomen der Gesellschaft hatte ebenfalls meine Entscheidung beeinflußt. Ein großer Teil des ungarischen Volkes war sehr arm. Mein Gerechtigkeitssinn konnte sich damit nicht abfinden, daß die besten Arbeiter der Firma, die den Gewinn und den Ruhm der Aktiengesellschaft sicherten, unter deutlich schlechteren Bedingungen lebten, als die Leute, die im Vertrieb tätig waren. Ich war davon überzeugt, daß eine für die Massen gerechtere Gesellschaftsstruktur geschaffen werden mußte, um die Armut zu lindern und die großen Unterschiede zwischen den gesellschaftlichen Schichten abzuschaffen.

Vor dem Krieg konnte man in Budapest in Antiquariaten deutsche Ausgaben aus der Weimarer Zeit kaufen. Marx' Kapital bzw. ein Teil dieses Werkes stand auch im Bücherschrank meines Vaters. Es wäre Aufschneiderei zu sagen, daß ich dieses Buch gelesen hatte. Einige Kapitel oder Erläuterungen des Verlegers hatte ich ein wenig studiert. Ich glaubte, die Kommunisten würden dazu beitragen können, daß in Ungarn nach diesem Sturm die Ausschreitungen des kapitalistischen Systems gedämpft werden könnten. Auch zahlreiche Vertreter der westlichen intellektuellen Elite, zum Beispiel Rolland, Sartre, Grass, Böll, Eluard, um nur einige zu nennen, sahen die Aussichten für die Schaffung einer gerechteren Welt in der kommunistischen Bewegung.

Eines weiß ich sicher, und ich bin absolut aufrichtig, wenn ich behaupte: Mir schwebte beim Eintritt in die Partei keine politische Karriere vor.

Schon einige Wochen nach meinem Eintritt ergaben sich traurig-komische Szenen im Betrieb. Die Produktion lief allmählich an, der Kontakt mit der Budapester Zentrale wurde nach dem Ende der Kämpfe um Budapest wiederhergestellt. Der Kollektivvertrag zwischen den Gewerkschaften und dem Arbeitgeberverband trat in Kraft.

Ich, als Betriebsleiter, wollte die Produktion erhöhen und achtete darauf, daß der Kollektivvertrag eingehalten wurde. Aber durch meine Bestrebung, die Produktion sowohl im Hinblick auf die Menge als auch auf die Qualität zu verbessern, wurde ich als »Speichellecker der Kapitalisten« gestempelt. Am Abend, im Seminar, diente ich der Arbeiterschaft. Diese Widersprüche bezüglich meiner Arbeit in der Firma dauerten solange, bis ich im Jahre 1948 wieder nach Budapest kam und eine ganz andere Beschäftigung fand.

Zum Freundeskreis meiner Eltern gehörten auch Journalisten. Sie arbeiteten bei der in den 20er und 30er Jahren landesweit bekannten bürgerlich-konservativen Tageszeitung »Pesti Napló«. Einer der Freunde berichtete damals oft über die Geschehnisse im spanischen Bürgerkrieg. Die Einstellung der Zeitung war äußerst kritisch hinsichtlich Hitlerdeutschlands. Ich hörte aufmerksam zu, als man die Lage in Spanien schilderte. Da mein Vater regelmäßiger Leser der Schweizer Tageszeitung »Neue Züricher Zeitung« war, beschloß ich noch in meiner Schulzeit, 1937, »außenpolitischer Berichterstatter« zu werden. Meine Naivität war bewundernswert.

Ende Februar 1945 sah ich eine Möglichkeit, eine »Journalistentätigkeit« auszuüben. Da die Fabrik noch nicht meinen ganzen Tag in Anspruch nahm, ging ich zum Parteisekretär und zum Bürgermeister mit der Idee, daß ich gerne eine lokale Wochenzeitung redigieren würde. Man empfahl mir, beim russischen Militärkommandanten der Stadt vorzusprechen, denn die Sache unterlag seiner Zuständigkeit. Mit einem Dolmetscher erschien ich bei ihm. Oberst Antipov – so hieß er – fragte:»Was wird der Titel sein?«»Hammer und Sichel«, war meine Antwort. Antipov reagierte ziemlich aufgeregt. Er sagte:»Diesen Titel erlaube ich nicht!« Er setzte fort:»Krimskaja-Konferenz, Krimskaja-Konferenz, keine kommunistische Zeitung!«, rief er. Ich war ganz verblüfft. Was will der Mann? Über was für eine»Krimskaja-Konferenz« redet er? Er fragte noch:»Wie viele illegale Kommunisten lebten in dieser Stadt während des Krieges?« Meine Antwort:»Ich weiß es nicht genau, etwa 20–30 Leute.«»Sehen Sie? Sie wollen für 30 Leute eine Zeitung herausgeben?« Allmählich begriff ich, daß er sich auf die unlängst in Jalta beendete Konferenz bezog und deren Beschlüsse ernst nahm. Er gab die Erlaubnis zur Ausgabe einer *demokratischen* Wochenzeitung, deren Kontrolle von mehreren Parteien gesichert werden sollte. Ein ganzes Jahr hindurch war ich Redakteur der Zeitung, dann mußte ich auf diese Arbeit verzichten, weil der Chefingenieur mir die entscheidende Frage gestellt hatte, welche Tätigkeit ich bevorzugte, weil die Betriebsleitung eines ganzen Mannes bedürfe. Die Wahl bereitete mir durchaus Kopfzerbrechen, aber der zunehmende politische Druck in der Presse Ungarns trieb mich zurück zur Industrie.

Meine Entscheidung wurde allerdings auch vom Hunger und der drohenden Inflation beeinflußt. Die Fabrik gab doch eine größere Sicherheit in Zeiten der allgemeinen Entbehrungen. Der Betriebsrat sandte regelmäßig Arbeiter in die Nachbardörfer, um Lebensmittel zu beschaffen. Ich selbst fuhr oft aufs Land mit dem Fahrrad, vollgepackt mit Bleikristallvasen und geschliffenen Services und klopfte an die Tür von Bauernfamilien und feilschte darum, wieviel Kilogramm Schweineschmalz, Melasse und andere Lebensmittel ich für meine Vasen und Glaswaren bekommen konnte. Die Bauern waren allgemein nicht großzügig. Ich schämte mich manchmal wegen dieser demütigenden Abhängigkeit. Aber der Hunger war immer ein großer Meister!

Das war die berüchtigte »Bündelepoche«. Ein anderer Begriff umfaßte ebenfalls das ganze Land: Schwarzhandel. An vielen Stellen der Siedlungen sah man Plakate mit der Aufschrift: »Tod den Schwarzhändlern!« Wir alle waren jedoch Schwarzhändler – trotz solcher Plakate! Die offiziell gültige Währung »Pengő« erstickte erst in Millionen, ein paar Monate später in Milliarden – im Endeffekt rutschte das Leben der Menschen zurück in eine Epoche des Tauschhandels. Ähnliche Szenen und Vorgänge haben sich nach dem Krieg auch in Deutschland abgespielt.

Ein paar Tage nach dem Ende der Belagerung von Budapest beschloß der Betriebsrat, eine Delegation zur Budapester Zentrale zu schicken, um Zukunftspläne zu erörtern. Ich ersuchte eine Arbeiterin der Delegation, sich nach meiner Mutter zu erkundigen. Ich konnte ihr bloß die letzte Budapester Adresse angeben. Doch zu meiner großen Freude gelang es ihr, meine Mutter zu finden und sie Mitte März aus Budapest zu mir zu bringen. Meine Mutter hat die schrecklichsten Zeiten von Budapest überlebt. Sie hat mir folgendes erzählt:

Ein paar Wochen nach dem deutschen Überfall in März 1944 wurden viele Wohnhäuser mit dem gelben Stern als »Judenhäuser« gekennzeichnet und jüdische Familien wurden in diesen Häusern zusammengezogen.

Das waren Vorbereitungen zur Deportation. Diese Deportation wurde jedoch von Reichsverweser Horthy nach der Beendigung der Deportation der Juden aus der Provinz eingestellt. Seine Maßnahme fiel zeitlich mit dem Invasionserfolg der Alliierten in der Normandie zusammen. Nach der Machtergreifung der faschistischen Pfeilkreuzler – nach dem 15. Oktober 1944 – befanden sich die Budapester Juden in akuter Lebensgefahr. Faschistische Banden (Pfeilkreuzler) überfielen viele mit dem gelben Stern gezeichnete Häuser, trieben die Leute auf die Straße und jagten sie zum Donauufer. Dort erschossen sie die Opfer und warfen ihre Leichen in den Fluß. Geheime Organisationen entstanden, die den Kampf gegen die Pfeilkreuzler aufnahmen. Diese Organisationen wurden teilweise von dem weltberühmt gewordenen, schwedischen Diplomaten Raoul Wallenberg geleitet. Sein Stab vergab sogenannte Schutzpässe für viele Juden in der Stadt. Mit Hilfe eines solchen Passes gelang es meiner Mutter, einem Todesmarsch zu entgehen. Sie erhielt gefälschte Papiere, wonach sie aus Siebenbürgen geflohen sei. Sie war laut diesen Papieren Krankenschwester und arbeitete dann bis zur Befreiung am 17. Januar 1945 in einem Heim für Waisenkinder. An diesem Tag haben die Russen den östlichen Teil der Stadt bis zur Donau besetzt und das Ghetto befreit. Die Pfeilkreuzler hatten das Ghetto im letzten Augenblick, bevor die Russen Budapest erreichten, in die Luft sprengen und alle dort umbringen wollten. Sie wurden jedoch von einem deutschen General daran gehindert. Dieser General fiel später beim Ausbruchversuch Anfang Februar 1945.

Die Arbeiterin des Glaswerkes, die ich gebeten hatte, sich nach meiner Mutter zu erkundigen, erfuhr ihre Adresse von meinem Onkel, der mit Hilfe der protestantischen Kirche die Ereignisse überlebt hatte und wieder seine frühere Position in der Aktiengesellschaft bekleidete.

Der städtische Ausschuß für die Unterbringung der Obdachlosen sorgte dafür, daß meine Mutter und ich in dieselbe Wohnung zurückkehren konnten, in der ich mit meinen Freunden früher gewohnt hatte. Meine Mutter fand sofort eine Stellung bei der Organisation des »Roten Kreuzes« in Salgótarján.

Der Ausschuß des Betriebsrates, der mit der Budapester Zentrale die Zukunftspläne besprochen hatte, kam aus Budapest mit guten Nachrichten zurück. Die Zentrale konnte mit einem der wichtigsten Kunden, einem Schweizer Unternehmer, Kontakt aufnehmen. Dieser versprach der Gesellschaft größere Aufträge. Die Zentrale nahm also die Geschäfte wieder in die Hand.

Am 8. Mai 1945 besuchte ich das Büro der städtischen kommunistischen Partei, um Radio zu hören. Die Russen hatten nämlich viele Geräte der Einwohner – im Hinblick auf die militärischen Operationen – beschlagnahmt. Ich hörte die Ansprache von Großadmiral Dönitz aus Flensburg, in der er die bedingungslose Kapitulation befahl. Da der Krieg in Europa beendet war, rief ich, begeistert von dieser Nachricht, die Betriebsräte der großen Firmen der Stadt an. Innerhalb einer halben Stunde kamen Hunderte von Arbeitern am Hauptplatz zusammen, und singend feierten sie das Kriegsende.

Ende Mai traf ich in Salgótarján eine junge Frau, die während des Krieges aus der Stadt deportiert worden war. Sie hatte Auschwitz überlebt und war nach der Befreiung durch die Russen in ihre Heimatstadt zurückgekehrt. Von ihr erfuhr ich, daß meine Frau Erika lebte. Der be-

rüchtigte »Arzt« Mengele hatte sie in Auschwitz aus der
Reihe der zu Vergasenden herausgelesen. In einem Arbeitslager in der Tschechoslowakei wurde sie durch die
Russen befreit. Nach dieser Nachricht hatte ich keine Ruhe mehr. Ich
beschloß, am 25. Mai nach Budapest zu fahren. Warum
genau an diesem Tag, dafür habe ich keine Erklärung.
Damals war eine solche Reise nicht risikolos. Von
normalem Bahnverkehr zwischen der Hauptstadt und
der Provinz konnte noch keine Rede sein. Man fuhr meistens mit Güterzügen, die Nahrungsmittel und/oder
Kohle transportierten. Häufig hörte man Gerüchte, daß
die Russen junge Menschen auf offener Straße oder aus
dem Zug heraus ganz einfach schnappten und in Kriegs-
gefangenschaft steckten, weil man ihnen unterstellte, daß
sie sich als Armeeangehörige zivile Kleidung beschafft
hatten. Man hörte, daß es in Rumänien ein großes Über-
gangslager gab (Foksani) und daß dort die Unglücklichen
ein paar Wochen verbrächten und nachher irgendwo im
Sowjetreich ein paar Jahre in Gruben »beschäftigt« würden. Ich war der Meinung, wenn es mir schon – zufällig –
gelungen war, der Gefangennahme durch die Russen zu
entgehen, dann sollte ich das nach dem Kriegsende schon
vermeiden können.

Ich erbat von meinem Chef ein paar Tage Urlaub und
fuhr mit einem Güterzug nach Budapest. Die Entfernung
zwischen Budapest und Salgótarján beträgt 120 km. Die
Reise dauerte 24 Stunden. Ich nahm eine Decke und ir-
gendeine weiche Unterlage mit, weil ich wußte, daß diese
Reise keine Vergnügungsfahrt werden würde. Da der
Güterzug aus offenen Waggons bestand, mußte ich bei
einem längeren Halt an den verschiedenen Bahnhöfen auf
der Kohlenschicht liegenbleiben, damit mich die in der

Umgebung herumschleichenden russischen Soldaten nicht entdecken konnten.

Ich war das letztemal am 19. März 1944 in Budapest gewesen, dem bereits erwähnten, verhängnisvollen Tag des deutschen Einmarsches. Ein merkwürdiges Gefühl spürte ich, nach über einem Jahr wieder durch die Straßen zu gehen, die mir seit frühester Kindheit so lieb waren und erst vor ein paar Monaten eine der schrecklichsten Schlachten des Zweiten Weltkrieges erlitten hatten. Die Stadt war noch immer voller Trümmerhaufen, die Häuser hatten klaffende Wunden. Ein Jahr schien eine enorme Zeitspanne gewesen zu sein. Es war schwer, das Geschehene mit gesundem Menschenverstand zu erfassen. Die Sinnenwelt der Zeit stimmte mit dem Kalender nicht überein. Einsteins »Relativität der Zeit« schien bestätigt zu sein!

Als ich den Güterbahnhof verließ, hatte ich keine Ahnung, wo Erika sein konnte, falls sie überhaupt die Absicht gehabt hatte, nach Ungarn zurückzukommen. Ich konnte mich daran erinnern, welches Mädchen ihr Bruder in Budapest im Jahr 1943 hofiert hatte. Einmal war ich auch mit ihm zusammen in ihrer Wohnung. Ich beschloß, diese Wohnung aufzusuchen. Von der Reise im Kohlenwaggon ziemlich gezeichnet, begab ich mich dorthin.

Es war zehn Uhr vormittags. Ich klingelte. Die Schwester des Mädchens öffnete die Tür. Sie erkannte mich. Sie sah mich an. Ihr Gesicht werde ich nie vergessen. Es spiegelte ein verblüffendes Staunen. Sie schrie stotternd: »Pista ist hier!« Einen Augenblick später sagte sie: »Erika ist gerade vor einer Viertelstunde angekommen.«

Man könnte glauben, so etwas gäbe es nur in einem Roman. Ihre betroffene Stimme klang, als wäre mein Erscheinen ein nicht durchschaubares, übernatürliches Rätsel! Ich stand wie festgenagelt, weil ich ebenfalls nicht glauben konnte, daß mein telepathisches Gefühl so gut funktioniert hatte.

14 Jahre lang lebten Erika und ich miteinander, drei Jahre in Salgótarján und elf in Budapest. Unser Sohn ist heute Professor der Geschichte und Philosophie an der Budapester Universität.

Gegen Ende Juni 1945 traf ich in Salgótarján einen jungen Mann, der in derselben Zwangsarbeitskompanie gewesen war wie mein Bruder Georg. Er berichtete mir von dem unbeschreiblichen Grauen, das mit meinem Bruder und vielen seiner Kameraden geschehen war. Ihre Kompanie arbeitete erst in Siebenbürgen und danach in Rumänien. Am 23. August 1944 kapitulierte Rumänien vor der Roten Armee, und man verlegte die Kompanie meines Bruders stufenweise nach Westen. Etwa im Februar 1945, nach einem mörderischem Marsch, als viele vor Erschöpfung nicht weitergehen konnten und von ihren Bullen zu Tode gequält oder ganz einfach erschossen wurden, erreichte die Kompanie die Umgebung von Sopron, der ungarischen Grenzstadt vor Österreich. In einem kleinen Dorf, Hidegség heißt diese Ortschaft, machten sie Halt.

Den Erzählungen des Kameraden entnahm ich, daß mein Bruder Flecktyphus bekommen hatte wie viele in der Kompanie. Die Bullen fragten, wer krank sei. Die Kranken sollten sich melden, denn »die Kranken werden in ein österreichisches Krankenhaus gebracht«, sagten die Bullen. Mein geliebter Bruder hat diesem Versprechen Glauben geschenkt und meldete sich – wie einige andere auch – als Kranker. Die Unglücklichen wurden erschossen und oberflächlich verscharrt. Das geschah im Februar 1945.

In der Umgebung fand bald darauf ein schreckliches Blutbad statt. Mehrere tausend jüdische Zwangsarbeiter wurden von Pfeilkreuzlern ermordet. Die Leichen wurden in Massengräbern verscharrt. Die Sowjetarmee erreichte das Gebiet erst im März.

Die neue ungarische Regierung hatte im Sommer 1946 die Exhumierung der Leichen aus den Massengräbern bei Sopron angeordnet. Die Opfer wurden in Budapest, ebenfalls in einem riesigen Massengrab, in Anwesenheit der Vertreter der Regierung und der Kirchen bestattet. Der Name meines Bruders, wie die Namen Tausender gleichen Schicksals, ist auf einer Gedenksäule zu lesen.

Über den »Holocaust bei Sopron« hat man vor ein paar Jahren eine besondere Studie erstellt. Ich habe ein Exemplar dieser Studie bekommen.

Von der Partei erhielt ich 1945 den Auftrag, abends den Arbeitern von Marx zu erzählen und über seine Thesen zu sprechen. Zuhause, nach der Vormittagsschicht, nahm ich Bücher zur Hand, die merkwürdigerweise bei meiner Mutter in Budapest trotz der Bombenangriffe unversehrt geblieben waren. Unter denen waren, wie bereits erwähnt, einige von Marx und anderen sozialistischen Theoretikern. Diese Bücher hatte mein Vater in den 20er/30er Jahren in Fremdsprachen-Antiquariaten gekauft. Es waren überwiegend deutsche Ausgaben aus der Weimarer Zeit. Jetzt, wo ich die Arbeiter unterrichten wollte, mußte ich mich gründlich in diese Lehren vertiefen. Was ich am Nachmittag studiert hatte, trug ich den Leuten am Abend vor. Ich muß heute über meine Begeisterung und meine Unwissenheit lachen, mit denen ich die einfachen Arbeiter mit Überzeugung »auf den rechten Weg leitete«.

Mittlerweile wurde die Inflation verheerend. Meine Frau war mager, fast haarlos aus der Deportation zurückgekommen. Die bereits erwähnten »Bündelausflüge«, also die Hamsterfahrten, in die Dörfer mußten daher fortgesetzt werden, um sie wieder aufzupäppeln.

Im Unternehmen strengte ich mich an, die Produktion zu erhöhen, damit die ersten Aufträge, welche die Budapester Zentrale aus der Schweiz erhalten hatte und dem Werk zukommen ließ, rechtzeitig erfüllt werden konnten. Doch weil der Betriebsrat manchmal die besten Arbeiter aufs Land schickte, um Lebensmittel zu hamstern, wurden oft die vorgegebenen Liefertermine gefährdet.

Über diese Tätigkeiten hinaus mußte ich mich – noch als Redakteur – mit schwerwiegenden, politischen Problemen beschäftigen. Die Gemüter waren nämlich im Sommer 1945 sehr aufgewühlt, weil Tausende von ungarischen Bürgern wegen »Teilnahme an der Zerstörung der Republik« aus der Tschechoslowakei nach Ungarn vertrieben wurden. Da Salgótarján in der Nähe der Grenze lag, erwarteten die ausgewiesenen Menschen dringend Hilfe von den Salgótarjáner Behörden: Unterkunft, Nahrungsmittel, medizinische Verpflegung …

Die Parteien hatten – gemäß Anweisung aus Budapest – einen Ausschuß gebildet, dessen Aufgabe darin bestand, daß Leute, denen man faschistisches Verhalten während des Krieges anlasten konnte, keine leitende Funktion im öffentlichen Leben erhalten sollten. In Deutschland hieß dieses Verfahren »Entnazifizierung«. Auf deutsch übersetzt hießen diese Ausschüsse in Ungarn »Nachweiskomitees«. Mich hatte man in dieses Komitee gewählt, jedoch ohne Stimmrecht, weil ich nicht in dieser Stadt geboren war. Der Vorsitzende des Komitees war ein älterer Arbeiter, der während des Krieges in der kommunistischen Untergrundbewegung tätig gewesen war. Ich kannte ihn nicht von früher. Anläßlich einer Sitzung dieses Komitees ergab sich folgende Episode. Ein Mann meldete sich, um seine »makellose« Vergangenheit bestätigen zu lassen, damit er eine bestimmte Stellung, die man ihm versprochen hatte, bekommen könne. Ich kannte den Mann nicht. Der Vorsitzende des Komitees brüllte den Betreffenden an: »Sie wagen es, hier zu erscheinen, obwohl Sie das eiserne Kreuz von den Deutschen bekommen haben?« Der Mann antwortete mit einer gewissen Unverfrorenheit: »Bitte schön, eine solch wertvolle deutsche Auszeichnung erhielt jemand, der weit berühmter ist als ich.« »Wer?« fragte der Vorsitzende. »Genosse Molotow!« Das war eine Anspielung auf den berüchtigten Ribbentrop-Molotow-Pakt.

Die ersten Parlamentswahlen brachten einer bürgerlichen Partei die absolute Mehrheit, der »Partei der unabhängigen Kleinbauern«. Die kommunistische Partei hatte mit etwa 17% abgeschnitten, in Salgótarján selbst hatte sie die Mehrheit erreicht. Die Stadt hatte noch kommunistische Traditionen aus der Zeit der Räterepublik 1919.

Ich war nicht froh, daß im Lande eine rechts stehende politische Formation an die Macht kam. Allerdings war diese Partei gegen Hitlerdeutschland gewesen und wurde nach dem deutschen Einmarsch sofort verboten. Trotz meiner »marxistischen« Einstellung gefiel mir das Verhalten der Partei in der Stadt gegenüber der Intelligenz nicht. Es war von Haß erfüllt, ungeduldig, manchmal auch gegen Menschen, die im Krieg bekanntermaßen gegen die Nazis Stellung bezogen hatten.

Für kurze Zeit beschäftigte mich im Jahr 1945, nach der Heimkehr meiner Frau, der Gedanke, ob es nicht besser wäre, nach Kanada auszuwandern und dort unser gemeinsames Leben einzurichten. Die Erinnerung an den fürchterlichen Sommer 1944 beeinflußte uns beide. Doch wir verwarfen solche Pläne schnell. Die vielen Fäden, die uns mit Ungarn verbanden, schienen stärker zu sein als die negative Wirkung der Ereignisse des letzten Jahres.

Ende 1947 bekam ich das Angebot aus Budapest, eine interessante Stellung am »Institut der Arbeitswissenschaft und Rationalisierung« einzunehmen. Die Aufgabe dieses wissenschaftlichen Instituts war, technische Normen in der Industrie Ungarns einzuführen und diese Tätigkeit für das ganze Land zu organisieren. Die Annahme des Angebotes bedeutete, daß ich wieder in der Hauptstadt leben konnte.

Am Anfang gehörte dieses Institut der »Gewerkschaft der Ingenieure«, später wurde es ein Fachorgan des »Nationalen Arbeitslohnkomitees«, das heißt es wurde einer Behörde unterstellt. Der Leiter war ein bekannter Maschinenbauingenieur. Die Angestellten waren überwiegend Ingenieure, erfahrene Techniker aus verschiedenen Bereichen der Maschinen- und Schwerindustrie. Das Institut war ein Sammelplatz der technischen Intelligenz und funktionierte teilweise als Ausbildungsstätte für die »sozialistische« Industrie. Der Personenkreis paßte nicht ganz zu den Vorstellungen der höheren Parteiorgane. Die Direktion mußte oft Konflikte schlichten, die zwischen Parteiorganen und einigen Fachexperten des Instituts aufflammten.

1948 wurde von der Kommunistischen Partei zum »Jahr der Wende« erklärt, das bedeutete unter anderem die erzwungene Vereinigung der Soziademokratischen Partei mit der Kommunistischen und die Verstaatlichung der Unternehmen, die mehr als hundert Angestellte bzw. Arbeiter beschäftigten. In diesen schicksalsschweren Monaten mußten die Mitarbeiter des Instituts in den Werkshallen der Fabriken die Industrienormen bestimmen. Ich persönlich leitete die Abteilung »Dokumentation«. Einerseits gefiel mir meine Arbeit, bei der Modernisierung der »sozialistischen« Industrie behilflich zu sein, andererseits geriet ich häufig in Konflikt mit der Parteiführung des Institutes. Die Quelle der Konflikte bestand in der unterschiedlichen Auffassung von der »Diktatur des Proletariats«.

Diese Auseinandersetzungen mögen heute als Farce angesehen werden. Damals waren sie aber gefährliche Meinungsverschiedenheiten. Ich protestierte nämlich dagegen, daß einige Parteimitglieder, die in der Parteidirektion des Instituts die maßgebende Stimme hatten, die technische Intelligenz von oben herab behandelten und daß wir blindlings unerfahrenen Leuten folgen mußten. Selbstverständlich war ich auch mehr oder weniger unerfahren, aber instinktiv fühlte ich, daß man nicht mit der älteren Intelligenz in dieser Weise umgehen konnte und durfte. Die lokale Parteiführung zeigte mich bei den höheren Parteiorganen an und forderte meinen Ausschluß aus der Partei. Über die ideologischen Auseinandersetzungen hinaus empfand ich diese bösartigen Versuche auch als Zeichen von Machtkämpfen.

Ein Ausschluß aus der Partei konnte damals sehr unangenehme Folgen nach sich ziehen. Eine geeignete Stellung zu bekommen, war für eine aus der Partei ausgeschlossene Person fast unmöglich. Ein einfacher Bürger, der keine Absicht hatte in die Partei einzutreten, hatte mehr Aussicht auf eine zufriedenstellende Arbeit als aus der Partei ausgeschlossene Menschen. Ich fühlte mich durch die Intrigen von sektiererisch denkenden Mitar-

beitern tatsächlich gefährdet und ihnen ausgeliefert.
»Selbstkritik« zu üben wegen meiner »falschen« Auffassung und um Entschuldigung zu bitten, war ich nicht bereit. Damit will ich nicht behaupten, daß ich den Helden spielen wollte. Ich war ganz einfach verzweifelt.

Glücklicherweise brachte für mich die sogenannte regelmäßige Überprüfung der Parteimitglieder die Hilfe. Die oberste Parteiführung hatte eine landesweite »Überprüfung« der Mitglieder angeordnet. Das Volk nannte diese »Überprüfungen« »Parteisäuberung«. Dreiköpfige Ausschüsse durchstreiften das Land, um Karrieremacher und andere politisch feindliche und untaugliche Elemente aus der Partei auszuschließen.

Mein Fall wurde auch »überprüft«. Der Vorsitzende des Ausschusses war ein hochrangiger und unvoreingenommen denkender Parteifunktionär. Man hörte meine Argumente. Es gelang mir, die Genossen davon zu überzeugen, daß meine Kollegen in der lokalen Parteiführung unverbesserliche Dogmatiker wären, welche »die Diktatur des Proletariats« wortwörtlich auslegten und dadurch unsere besten Fachleute einschüchterten. In dieser Atmosphäre könnte man im Institut von den Experten keine fachlich korrekte Leistung erwarten. Der Prüfungsausschuß legte die Anzeige gegen mich ad acta. Ich blieb also Mitglied der Partei.

Das geschah in der ersten Hälfte des Jahres 1949. Die Kommunistische Partei erkämpfte in dieser Periode die Alleinherrschaft. Der kalte Krieg zwischen Ost und West begann. Churchills »Eiserner Vorhang« existierte schon.

Die Auseinandersetzungen mit meinen Kollegen bewogen mich, mir eine neue Stellung zu suchen. Im Ministerium der Schwerindustrie hatte ich einen Bekannten in hoher Position, der – unter anderem – einen Fachmann der Glas- und Zementindustrie suchte. Da ich fast zehn Jahre in der »Glashütte Salgótarján« gearbeitet hatte, empfahl er mir, die Stellung eines Referenten bei ihm anzunehmen. So vertrat ich eine Zeitlang bei ihm diese Industriezweige als Referent.

Ich beschloß mit Zustimmung des Ministeriums, die Technische Universität in der sogenannten Nachmittagsschicht zu besuchen und meine technische Ausbildung nachzuholen, deren Fehlen den früheren Judengesetzen zuzuschreiben war. Es dauerte fünf harte Jahre, bis ich das Diplom als »Maschinenbauingenieur« erhielt. Denn ich mußte am Tage arbeiten und nachmittags, manchmal in der Nacht, lernen und zeichnen.

Später, im Jahre 1951, ernannte mich der Minister zum Leiter der »Zentralen Kooperationsabteilung«. Diese Abteilung sollte etwaige Hindernisse der Planerfüllung bei den Firmen entdecken und möglichst beseitigen. Vor allem sollten bei den Großinvestitionen die Termine zur Inbetriebsetzung eingehalten werden, die von der Regierung vorgeschrieben worden waren. Dabei ging es um neue Hüttenwerke, Stahlwerke, Metrobauarbeiten, Maschinenbauwerke oder die Erschließung neuer Zechen. Eine der wichtigsten Investitionen waren die »Stahlwerke Stalin« in der neuen »sozialistischen« Industriestadt »Sztálinváros« (Stalinstadt, früher »Dunapentele«, ein unbedeutendes Städtchen, heute Dunaujváros, auf deutsch: Donauneustadt). All diese Entwicklungen wurden in den Fünfjahresplänen fest verankert. Die Pläne galten als Gesetze. Nichterfüllung der Pläne war ein Verstoß gegen das Gesetz, es sei denn, auf hoher Ebene war eine Planänderung genehmigt worden.

Gelegentlich nahm ich an den Sitzungen des ministeriellen Kollegiums teil. Es erschien mir fast lächerlich, daß hochrangige Ministeriale sich damit beschäftigten, daß so und so viele Meter Stahlrohre sofort erzeugt werden sollen, damit die Maschinenfabrik X ihren Plan erfüllen konnte.

Das war die Zeit der absolut sturen Auffassung der Planwirtschaft und der gleichzeitigen Verurteilung des »imperialistischen Westens«. Man träumte von der »herrlichen kommunistischen künftigen Epoche, in der ein noch nie dagewesener Wohlstand der Gesellschaft zustande kommt«, dagegen herrschte im Land die Mangelwirtschaft. Einfache Bedürfnisse konnten nicht befriedigt werden. Auf meinem Schreibtisch im Ministerium lagen Berichte aus dem ganzen Land und die Leute in den Dörfern beschwerten sich, daß es keine Hufschmiede, Friseure, Handwerker gab, weil alles verstaatlicht worden war.

Ich versuchte ständig, mich mit dem Gedanken zu trösten, daß diese Anomalien vorübergehende Phänomene wären, die der Unerfahrenheit und der teilweise mangelhaften Schulung der Leute zuzuschreiben wären, die in die Spitzenstellungen der Wirtschaft gelangt waren. Mit der Zeit würde sich das schon bessern, dachte ich. Daß der Terror der Staatlichen Sicherheitspolizei im ganzen Land um sich greifen würde und kritische Bemerkungen unterdrückt werden würden, sah ich zwar voraus – ich verscheuchte jedoch solche Gedanken. Meine Schwägerin, eine sehr kluge Frau, brüllte mich einmal an: »Du siehst nicht, daß in diesem Lande die Sicherheitspolizei eine Terrorherrschaft ausübt und das Recht der freien Übersiedlung aufgehoben wurde? Ohne Zustimmung des staatlichen Arbeitgebers kann man seine Arbeitsstelle nicht wechseln. Menschen werden als Staatsfeinde abgestempelt, aus ihren Wohnungen gezerrt und in Scheunen aufs Land geschleppt.« Ich, in meiner Naivität, erwähnte dies bei meinem Chef. Der hörte mir aufmerksam zu und reagierte so: »Willst Du auch in die Scheunen kommen? Maul halten und weiter dienen!« Ich geriet in einen seelischen Zwiespalt. Als ich in die Kommunistische Partei eintrat, war ich überzeugt, daß die Planwirtschaft die Unberechenbarkeit und die großen Sünden der kapitalistischen Wirtschaft beseitigen würde. Anfang der 50er Jahre, im Ministerium, wurde ich mit neuen, unüberbrückbaren Widersprüchen konfrontiert: sture Planwirtschaft mit geringem Augenmerk auf die konkreten, lokal bestimmenden Umstände – Umstände, die tückischerweise der Doktrin der Planideologen nicht folgen wollten. Und was war die Reaktion jener Kollegen? »Um so schlimmer für die Umstände! Die müssen sich anpassen, punktum!«

Eine kleine Episode charakterisiert jene Situation: Ich berichtete dem stellverstehenden Minister, daß »die Fabrik der Behälter- und Lagerungseinrichtungen« die Bestellung der Stalinwerke ablehnte, weil die Produktion von Behältern mit Flanschen nicht in ihr »Erzeugungsprofil gehöre«. »Bitte, sagen Sie den dortigen Genossen«, – reagierte unser Chef – »daß die Erzeugung von Behältern mit Flanschen ab diesem Augenblick auch zu ihrem Profil gehört!« So klang also ein Vortrag im Fach Politische Ökonomie über den Gegenstand »Sozialismus«.

Ich mußte zusehen, wie man die Realität vergewaltigte und die schwere Mangelwirtschaft ausschließlich den zielbewußten Machenschaften der »Imperialisten« zuschrieb. Meine naive Begeisterung erlitt zwar schwere Rückschläge, aber die politischen Folgen von Stalins Tod (5. März 1953) weckten neue Hoffnungen auf kommende Korrekturen.

Tatsächlich fand eine gewisse politische Entspannung statt. Auf offenen russischen Druck mußte sich der Diktator Mátyás Rákosi Ende Juni 1953 mit der Parteiführung begnügen und die Stellung des Ministerpräsidenten Imre Nagy überlassen, dem späteren Helden und Märtyrer des »Aufstandes von 1956«. Er stand vom 4. Juli 1953 bis zum 28. März 1955 an der Spitze der Regierung. Sein Kabinett traf wichtige, entspannende Maßnahmen: Die Internierungslager wurden aufgelöst; die Politik der gewaltsamen Entwicklung der Schwerindustrie wurde geändert; in vielen Fabriken wurde die Produktion auf Verbrauchsartikel umgestellt, um die unerträgliche Mangelwirtschaft zu lindern; die Bauern, einschließlich der Produktionsgenossenschaften, wurden verständnisvoller und milder behandelt. Die Entspannung war auch im Ministerium zu spüren. Die Umstellung der Erzeugungsprofile einzelner Fabriken rückte in den Vordergrund.

Anfang 1956 bekam ich ein verlockendes Angebot vom Ministerium des Außenhandels: Ich solle meine Stellung wechseln und die Exportabteilung des Außenhandelsministeriums leiten. Der Wechsel bedeutete für mich eine Lohnerhöhung von etwa 45%, weil im Außenhandel ein sogenannter »Sprachzuschlag« von 15% je beherrschter Sprache galt. Ich konnte in drei Wochen die Prüfungen für Deutsch, Englisch und Französisch machen und erreichte dadurch den maximalen Zuschlag. Für das Italienische bekam ich keinen Zuschlag, weil damit das 45%-ige Limit überschritten worden wäre.

Abgesehen vom erhöhten Einkommen bewegte alle, die aus dem industriellen Bereich in den Sektor des Außenhandels gewechselt hatten, die Öffnung der abgeriegelten Landesgrenze. Ins Ausland reisen zu können, war damals die Begierde der Begierden. Man sehnte sich, die Länder der »verfluchten Imperialisten« zu sehen. Und nicht nur »zu sehen«, sondern mit Hilfe der Tagesdiäten »schöne westliche Waren« zu kaufen!

In den 70er Jahren als die Ungarn sogenannte Weltpässe in der Hand hatten, hat man in den Kabaretts viele unserer Landsleute mit Bemerkungen über ihre krankhafte Suche nach billigen Verbrauchswaren verspottet, statt den Louvre oder andere weltberühmte, großartige Museen zu besuchen. Höschen, Rasierklingen, Damenblusen, Taschenrechner und Kühlschränke waren weit wichtiger als die Sixtinische Kapelle oder die Akropolis!

1956 – die gescheiterte Revolution

Im Sommer 1956 war im ganzen Land die angespannte politische Atmosphäre zu spüren. Die oberste Sowjetführung war darüber informiert und beschloß, den bereits unerwünschten Diktator Rákosi aus der Partei entfernen zu lassen und ihn durch Ernő Gerő, eine andere führende Parteipersönlichkeit, zu ersetzen. Rákosi und seine sowjetische Frau verließen am nächsten Tag das Land. Der Wechsel in der Parteiführung trug aber überhaupt nicht zur politischen Beruhigung bei, sondern verstärkte sogar die Spannung.

Am 23. Oktober brach die Revolution aus. Sie begann mit einer Demonstration der Studenten der Technischen Universität und schlug spontan in einen nationalen Aufstand um. Das war ein glorreiches Aufflammen des Volkes für Unabhängigkeit und Freiheit. – 2006 feiert das Land den 50, Jahrestag des »Nationalen Aufstandes«. – Selbstverständlich, wie dies in allen Revolutionen der Weltgeschichte der Fall war, mischten sich da die verschiedensten Elemente und Wünsche. Ich glaube, es obliegt der wissenschaftlichen Geschichtsschreibung, eine objektive Beurteilung der Geschehnisse abzugeben – zu einem Zeitpunkt, an dem sich die Gelehrten in den Verlauf der Ereignisse unbefangen vertiefen können und von tagespolitischen Interessen nicht beeinflußt werden.

Tatsache war, daß Ungarn vielen Menschen weltweit eine objektivere Einsicht in den »existierenden Sozialismus« gewährte und den naiven westlichen »Anhängern der kommunistischen Religion« eine schwer zu bewältigende Enttäuschung bescherte. Das galt auch für die sogenannten Reformkommunisten – zu denen auch ich mich zählte. Ich nehme an, damit hat mein Land ein historisches Verdienst errungen, wenn auch der Kampf hoffnungslos war.

Meine Haltung während der zwei Wochen (23. Oktober bis 4. November 1956) der Revolution und nach ihrer Niederschlagung ist nicht mit einem Satz zu umreißen, denn sie hatte mehrere Facetten.

Erstens: Ich bedauerte, daß Ungarn elf Jahre nach Kriegsende wieder in Flammen stand und der mit Mühe und Not vollbrachte Wiederaufbau erneut gefährdet war.

Zweitens: Ich hielt die Sowjetunion für verantwortlich für diesen Aufstand, weil sie ihre Großmachtstellung in keiner Weise in Frage stellen ließ. Hinter der Losung »Proletarischer Internationalismus« steckte großrussischer Nationalismus.

Drittens: Die Sowjetunion unterstützte in der ungarischen Partei die ihr gegenüber servilsten Funktionäre und lehnte die geringste Abweichung ab, wenn sie ihre absolute Herrschaft gefährdet sah – ungeachtet der unterschiedlichen Gegebenheiten und Traditionen des Landes. Ich empfand das als ein nicht »dialektisches« Vorgehen.

Viertens: Ich hatte Angst, daß durch die Revolution alles, was ich unter »Sozialismus« verstand, verloren ginge.

Fünftens: Vor dem 4. November, als die Rote Armee dem Aufstand ein Ende bereitete, zeigten sich wieder die ungarischen »Rechtsextremen«, die in diesem Lande schon so viele Schäden angerichtet hatten.

Sechstens: Obwohl ich die rücksichtslose Niederschlagung der Revolution verurteilte, hatte ich gemischte Gefühle. Ich hoffte, daß sich die Umstände bei uns trotz der militärischen Intervention der Sowjetunion verbessern würden.

Siebtens: Meiner Ansicht nach bestand die Gefahr, daß im Falle einer militärischen Intervention der NATO,

Ungarn das Epizentrum des Zusammenstoßes zwischen NATO und Warschauer Pakt geworden wäre mit allen unüberschaubaren Folgen wie etwa einem Atomkrieg.

Am 4. November 1956 besetzte die Rote Armee Budapest, und nach verzweifelten Kämpfen kapitulierten die letzten Widerstandsnester.

In diesen stürmischen Wochen setzte ich meine Arbeit im Ministerium fort, beziehungsweise arbeitete in Zusammenarbeit mit anderen Kollegen Vorschläge aus, deren Zweck es war, die Rigidität der Planungen abzuschaffen, die Bürokratie zu lindern, den großen Firmen das Außenhandelsrecht einzuräumen und dadurch eine größere Beweglichkeit der Wirtschaft zu sichern. Diese Gedanken wurden als »revisionistisch«, das heißt verräterisch abgestempelt und abgelehnt.

Die frühere bürokratische Planwirtschaft wurde restauriert und der Niederschlagung des Aufstandes folgte eine terroristische Racheperiode nicht nur gegen die, die mit der Waffe in der Hand gekämpft hatten, sondern gegen frühere Parteimitglieder, die an Reformbewegungen teilgenommen, bzw. das russische Vorgehen kritisiert hatten. Entgegen den Erwartungen und Hoffnungen der »Reformisten« stellte man den »Status quo ante« wieder her. Einige Kollegen, mich inbegriffen, entließ man aus dem Ministerium wegen »revisionistische Einstellung«.

Zunehmende Liberalisierung und vorsichtige Öffnung

Nach der Niederschlagung der Revolution herrschte eine schädliche Stille im Lande. Vergeltungsprozesse waren im Gange, von denen die Öffentlichkeit nur sehr sporadisch Nachrichten erhielt, wenn überhaupt. Mehrere Hunderttausende verließen das Land, flohen nach Westen und versuchten, ein neues Leben in fremden Ländern aufzubauen. Diese harte Periode dauerte bis zum Anfang der 60er Jahre.

Die »Ungarische Sozialistische Arbeiterpartei« (MSzMP) wurde Ende 1956 neu gegründet, nachdem die frühere Partei, die »Partei der Ungarischen Werktätigen« (MDP) im Zuge der Revolution aufgelöst worden war. Nach der harten Periode suchte die neue Partei nach Möglichkeiten der »Aussöhnung« mit dem Volk. Die berüchtigte Devise »Wer nicht mit uns ist, der ist gegen uns« wurde durch die neue Losung »Wer nicht gegen uns ist, der ist mit uns« ersetzt. Dieser Wechsel deutete auf eine tiefgreifende Änderung der Politik der Partei hin. Die Eigentumsverhältnisse, das heißt das überwiegend staatliche bzw. das »Gemeinschaftseigentum« in der Landwirtschaft, die »Kooperativen«, blieben unangetastet. Doch die Ausbreitung der »Hauswirtschaft« wurde nicht untersagt und die erzeugten Produkte durften am freien Markt abgesetzt werden. Diese flexiblere Agrarpolitik brachte Früchte: Die Agrarproduktion des Landes erlebte eine Blütezeit.

Die neue Parteiführung erkannte eines der gravierendsten Probleme der Wirtschaft, nämlich das Fehlen jedes persönlichen Interesses daran, höhere und effizientere

Leistungen zu erbringen. Die allgemeine Gleichmacherei, die in der verstaatlichten Wirtschaft vorherrschte, verdrängte die Ambitionen der Begabten, etwas Mehr und etwas Besseres anzustreben.

Leute in der Parteiführung, die eine klarere und pragmatischere Meinung vertraten als frühere Funktionäre, drängten das Politbüro der Partei, den Spitzenfunktionären der Unternehmen neue Direktiven zukommen zu lassen. Man nannte sie »Neuer Wirtschaftsmechanismus«. Die wesentliche Neuheit gegenüber der Vergangenheit bestand darin, daß die einzelnen staatlichen Unternehmen ihren Jahresplan selbst ausarbeiten mußten und daß sie nicht von »oben« (von der Staatlichen Plankommission) ohne Rücksicht auf die lokalen Gegebenheiten die Planziffern erhielten. Eine weitere »ketzerische« Änderung gewährte die Möglichkeit, Gewinne zu erzielen. Das Wort »Gewinn« klang in den Ohren der »Orthodoxen« als Verrat des Sozialismus.

Der »neue Wirtschaftsmechanismus« hat durch die pragmatischere, weniger doktrinäre Politik in vielen Bereichen der Wirtschaft die Ergebnisse verbessert. Um zu besseren und größeren Leistungen anzuspornen, wurde die Erlaubnis erteilt, innerhalb eines Betriebes sogenannte »Arbeitsgemeinschaften« zu organisieren, wobei den Teilnehmern die Beteiligung am Gewinn des Unternehmens ermöglicht wurde.

Den Außenhandel des Landes übten ausschließlich Außenhandelsgesellschaften aus, die dem Außenhandelsministerium unterstellt arbeiteten, völlig separat von der Industrie. Um die Exporttätigkeit der großen Firmen zu erleichtern, wurde ihnen das »selbständige Außenhandelsrecht« eingeräumt. So wurden die bürokratischen Beziehungen zwischen den Bereichen der nationalen Wirtschaft zumindest teilweise abgebaut. Ich vertrat die

Meinung, daß dieses selbständige Außenhandelsrecht weiter verbreitet werden sollte. Mein damaliger Generaldirektor prüfte äußerst kritisch einen Beitrag zu diesem Thema, den ich an das Ministerium schrieb. Er warf mir vor, daß ich »die freie Außenhandels- bzw. die Devisenpolitik unseres Ministeriums hinsichtlich der Länder mit konvertiblen Währungen beschränken« wolle. Im Laufe der Auseinandersetzung war ich gezwungen, ihn zu fragen: »Sag mal, Du oder ich sollen von hier, von Budapest aus, die große, 200 km von uns entfernte Olefinanlage der »Chemischen Werke Tiszaujváros« steuern?« (Olefin ist ungesättigter Kohlenwasserstoff; die Anlage wurde von der deutschen Firma Linde AG geliefert.) In diesem Werk arbeiteten mehrere tausend Arbeiter. Ich empfand es als lächerliche Bürokratie, ein großes ungarisches Produktionswerk von kleinlichen, bürokratischen Verfahren einer separat arbeitenden Außenhandelsgesellschaft abhängig zu machen, die nicht dem Industrieministerium sondern dem Außenhandelsministerium unterstellt ist.

Hinter dieser Bürokratie steckte das Problem der nicht konvertiblen Währung, das heißt der Forint war nicht konvertibel, und die ganze Wirtschaft litt darunter. Die Konvertibilität war aber nicht nur eine wirtschaftliche, sondern auch eine allzu heikle, politische Frage, nämlich die der Abhängigkeit oder Unabhängigkeit von den »Imperialisten«.

Für mich persönlich bedeuteten die obigen Lockerungen der Wirtschaft Erleichterungen in meinem eigenen Leben. Als ich das Außenhandelsministerium Ende 1957 aus politischen Gründen verlassen mußte, wußte ich nicht, ob ich überhaupt im Bereich des Außenhandels bleiben konnte. Mit Hilfe persönlicher Bekanntschaften gelang es mir aber doch, die Absicht einiger politisch befangener Leute zu unterlaufen, die mich aus dem Außenhandel ein für allemal vertreiben wollten. Ich bekam am 1. November 1957 eine einfache Stellung als Sachbearbeiter bei einer Außenhandelsgesellschaft, die – unter anderem – mit der chemischen Industrie eng zusammenarbeitete. Im Zuge der Milderung der politischen Atmosphäre im Lande konnte ich mich langsam hocharbeiten, bis ich die Stellung eines »Handelsdirektors« erreichte.

Im Jahre 1959 heiratete ich meine zweite Frau, die eine leitende Stellung in einer anderen Außenhandelsgesellschaft innehatte. Auch sie hatte sehr unter der Naziherrschaft gelitten, Gott sei Dank, war es ihr gelungen diese schrecklichen Jahre zu überleben. Seit über 47 Jahren leben wir zusammen und erinnern uns an unsere wechselseitige Vergangenheit. Sie gehört auch zu jenen, die einerseits ungarische Patrioten sind, andererseits das wahre Deutschland immer schätzten, und heute hat sie ihre besten Freundinnen in Österreich und Deutschland.

In einem weiteren Bereich erhielt ich eine angenehme Anerkennung: Da die Gesellschaft, bei der ich ab 1966 als Handelsdirektor arbeitete, – unter anderem – vieles aus Italien importierte, und ich angemessen Italienisch sprach, hatte man mich mit dem Ehrenposten »Direktor der italienischen Sektion« der Handelskammer ausgezeichnet. Schon etwas früher hatte mich der Präsident der Handelskammer zum Chefredakteur einer englisch erscheinenden, technischen Monatszeitschrift »Hungarian Machinery« ernannt.

Mitte der 60er Jahre beschloß man in der Parteiführung, in Ungarn auch die chemische Industrie zu modernisieren und ganz neue Zweige der chemischen Industrie (Kunststoffe, Düngemittel, Schaumstoffe, etc.) mit den dazu gehörenden modernsten Technologien aus dem Westen zu importieren. Das war die neue Außenhandelspolitik, die für Ungarn von westlichen Banken gewährten Kredite zum Ausbau der modernen chemischen Industrie zu nutzen. Im Verlauf der Realisierung dieser neuen Investitionspolitik hatte die Außenhandelsfirma, in der ich arbeitete, die Aufgabe, die komplizierten Verträge in enger Zusammenarbeit mit unserer chemischen Industrie auszuhandeln, bzw. abzuschließen.

Die Bonität der Ungarischen Nationalbank war tadellos, es war leicht, langfristige Kredite für diese Vertragsabschlüsse zu erhalten. Andererseits führten die unzähligen aufgenommenen Kredite schließlich zu einer unhaltbaren Verschuldung. Dies war der Preis für die von der Partei erzielte, vorübergehende politische Ruhe.

Da ich im Bereich der Großinvestitionen der chemischen Industrie beträchtliche Erfahrungen sammelte, hatte mich das wichtige Unterorgan der Vereinten Nationen UNIDO (United Nations Industrial Development Organisation) hin und wieder, zwischen 1976 und 1983 als Experten mit der Aufgabe eingeladen, Modellverträge für Investoren in der Dritten Welt auszuarbeiten. Eine interessante Tätigkeit, bei der man Ländern, die ihre Landwirtschaft – zum Beispiel mit Hilfe der Düngemittelerzeugung – effizienter machen wollten oder die eine moderne Kunststoffindustrie aufbauen wollten, helfen konnte. Ich arbeitete begeistert auf diesem Gebiet. Nebenbei: Ich konnte Ungarn, mein Heimatland, auch in dieser Weise in den Ländern der Dritten Welt bekanntmachen.

Seit dem 15. Februar 1982 bin ich in Pension – meine Frau meint in »Pseudopension«, weil ich ja begeistert bis heute weiter arbeite im engen Kontakt mit ungarischen und deutschen Firmen und als Berater bei der Budapester Dienstleistungs-AG.

Der zunehmende Import von Lizenzen und kompletten Anlagen in den 70er Jahren brachte einen regen Kontakt mit der ganzen Welt. Viele Experten der Industrie und des Außenhandels reisten immer öfter nach Westeuropa, Japan und in die USA. Die Partei erleichterte auch den Tourismus in die weite Welt. In jedem dritten Jahr erhielt man vom Staat 50 US-Dollar für die Reisen. Das ungarische Volk war sehr einfallsreich, um mehr als diese kümmerliche Summe in Devisen zu haben. Infolge des regen Tourismus und flexibleren Außenhandels konnte man in den Schaufenstern mehr westliche Waren sehen. In diesem Zusammenhang erzählte man mir eine Episode, welche die Situation charakterisiert: Gegen Ende der 70er Jahre ging ein hochrangiger sowjetischer Spitzenfunktionär mit Kollegen in der Budapester Innenstadt spazieren und nach Besichtigung einiger Schaufenster, stellte er folgendes fest: »Das ist doch kein Sozialismus, da kann man alles kaufen!« Jemand, dessen Leben in der Mangelwirtschaft verlief, reagiert in dieser Weise! Den regen Verkehr mit den »kapitalistischen« Ländern neideten uns die sozialistischen Nachbarländer, einschließlich der DDR. Zwar existierte der »Eiserne Vorhang« nach wie vor mit all den Einschränkungen, wie der strengen Überwachung durch die Zollbehörden an der Grenze, die zum Beispiel kontrollierte, daß man keine »verbotenen« Bücher (zum Beispiel von Solschenizyn), feindliche Schriften oder konvertible Devisen oder Napoleondor-Münzen hereinbringe.

Die geschilderte »Halböffnung« des Landes, machte Ungarn trotz der erwähnten Einschränkungen zum Treffpunkt zwischen Ost und West. Viele voneinander getrennte deutsche Familien trafen sich in Budapest oder am Plattensee.

Die Grenzen der größeren Offenheit zeigten im Jahr 1968 die Ereignisse des »Prager Frühlings« in der Tschechoslowakei. Die sowjetische Großmachtstellung sah sich gefährdet und die Armeen des Warschauer Paktes zerschlugen Alexander Dubceks »Frühling«. Auch in Ungarn waren viele Kommunisten erstaunt und verurteilten ziemlich offen diese Gewalttat des Warschauer Paktes, bzw. der Sowjetunion.

Ich will nicht auf die Einzelheiten eingehen, aber man spürte auch bei uns das vorübergehende Stocken des »neuen Wirtschaftsmechanismus«. Einigen Reisen führender Parteipersönlichkeiten nach Moskau folgte ein Bremsen in der Wirtschaft. Die Rückschläge des »Prager Frühlings« dauerten in Ungarn dennoch nicht allzu lange.

Vor und nach der großen Wende

Die wirtschaftlichen Schwierigkeiten des »sozialistischen Lagers« nahmen mit der Zeit zu. Je mehr man auf die »Imperialisten« schimpfte, um so größer schien der Unterschied im Lebensniveau zwischen Westeuropa und dem »Ostblock«. Durch die größere Offenheit in Ungarn war das für die breiten Massen offensichtlich. In der Sowjetunion kam Michail Gorbatschow an die Macht. Mit ihm begann 1985 die Periode von »Glasnost« und »Perestroika«.

US-Präsident Ronald Reagan gelang es, die Sowjetunion in einen Wettkampf zu zwingen, in dem die sowjetische Wirtschaft nicht mithalten konnte. In unseren Ländern des sogenannten Ostblocks begann es zu gären.

Meine Frau und ich verbrachten zwei Wochen im Urlaubsheim der Budapester Dienstleistungs-AG (FKF AG) in Sopron vom 15. August 1989 an. Um den 20. August herum sahen wir in der Umgebung der Stadt – Sopron liegt an der ungarisch-österreichischen Grenze – verlassene Trabis mit DDR Nummernschild. Wir wußten nicht genau, was los war. Am nächsten Tag gingen wir in den umliegenden Wäldern spazieren und sahen ganze Familien mit Rucksäcken und Decken in den Händen in Richtung Grenze schleichen. Wir beide merkten, daß etwas Großartiges passiert sein mußte! Wir eilten zurück in unser Urlaubsheim und hörten Radio: Der ungarische Ministerpräsident Miklós Németh und Außenminister Gyula Horn hatten ein paar Tage zuvor Kanzler Helmut Kohl und Außenminister Hans-Dietrich Genscher getroffen und die beiden bundesdeutschen Politiker darüber informiert, daß Ungarn beschlossen habe, die DDR-

Flüchtlinge nach Österreich fliehen zu lassen und mithin den »Eisernen Vorhang« aufzureißen. Damit hat Ungarn, ein kleines Volk in Europa, zur Beschleunigung der Wiedervereinigung Deutschlands beigetragen. Ich glaube, es war ein mutiger Schritt der damaligen ungarischen Regierung und nicht ganz ohne Risiken. Meine Familie und viele meiner Freunde waren froh, daß die absurde Situation ein Ende fand und zwar ohne Blutvergießen. Man darf aber in diesem Zusammenhang die Weitsicht der beiden Persönlichkeiten, George Bush, d. Ä., und Gorbatschow nicht vergessen.

Durch einen Zufall der Geschichte war unsere Familie von diesen welterschütternden Ereignissen direkt und vorteilhaft betroffen. Unsere älteste Enkelin war eine ausgezeichnete Schülerin in Ungarn. Sie erhielt 1988 ein Stipendium für die »Hochschule der Ökonomie« in Ostberlin. Nach dem Fall der Mauer ging sie 1990 auf die »Technische Universität« in Westberlin, als Berlin schon wieder eine geeinte Stadt war. Dort bekam sie das Diplom, nachdem sie die Universität erfolgreich absolviert hatte. Als sie aus Ungarn wegfuhr, sprach sie nur wenig deutsch. Nach sechs Jahren kam eine junge Frau aus Berlin nach Hause, der man nicht anmerkte, daß sie eine Ungarin war, wenn sie deutsch sprach.

Mein jüngster Enkel ist jetzt 24 Jahre alt. Als er 18 Jahre alt war, sagte meine Frau zu mir: »Geh ins Goethe-Institut hier in Budapest und frage nach, wo in Deutschland Sprachkurse stattfinden, damit Mihály deutsch lernen kann.« Im Jahre 1999 gab es einen Sprachkurs in Bonn und wir schickten den Enkel dort hin. Im Jahre 2000 organisierte das Goethe-Institut einen Sprachkurs in Berlin. An diesem nahm er ebenfalls teil. Die Prüfungen bestand er ausgezeichnet. Für die Kosten der beiden Sprachkurse konnten wir mit der Summe aufkommen, die ich als Wiedergutmachung als Opfer des Nationalsozialismus aus Deutschland erhalten hatte.

Ich denke oft daran: Wenn mir in den verhängnisvollen Jahren der grauenhaften Verfolgung und Ermordung der Juden und des absolut irrationalen Hasses ein Hellseher gesagt hätte, daß ich mein Enkelkind nach Deutschland schicken würde, damit es nicht nur die deutsche Sprache erlernen solle, sondern auch im demokratischen Deutschland die deutsche Kultur und Wissenschaft studieren solle, und die Kosten aus dem Wiedergutmachungsgeld gedeckt würden, hätte ich nach einer Zwangsjacke für den Betreffenden geschrieen.

Die alten Römer hatten Recht: »Tempora mutantur et nos mutamur in illis.« (»Die Zeiten ändern sich und wir ändern uns mit ihnen.«)

In der Einleitung dieses Rückblickes auf mein Leben machte ich einige Feststellungen bezüglich der großen Wende der Geschichte in meinem Heimatland Ungarn. Das Land ist – Gott sei Dank – Mitglied der EU geworden. Diese Mitgliedschaft ist von großer Bedeutung, obwohl sich bei vielen meiner Landsleute ein gewisses Mißtrauen zeigt. Die Quelle des »Euroskeptizismus« in einigen Kreisen ist unterschiedlich. Immer gibt es Menschen, die vor den Schwierigkeiten des Lebens in den radikalen Nationalismus flüchten. Diese sind – glaube ich – eine geringe Minderheit, doch manchmal eine sehr laute. Andererseits sind viele zwar für die EU, aber sie sind enttäuscht von der Uneinigkeit, grundsätzliche Fragen betreffend (zum Beispiel die Verfassung), und dem kleinlichen Feilschen über Subventionen und Beschränkungen der Arbeitserlaubnisse.

Es scheint ein auffallender Widerspruch zu sein, daß – entgegen den Parolen der vielen vergangenen Jahre: »freie Bewegung der Menschen, der Ideen und des Kapitals« – aus Angst vor der zunehmenden Arbeitslosigkeit sich einige Länder vor der Beschäftigung von Arbeitskräften der »neuen« EU-Mitglieder verschließen möchten. Ich persönlich hege die Hoffnung, daß sich allmählich die mehr oder weniger großen Unterschiede zwischen den EU-Mitgliedern verringern werden.

Ich hoffe – trotz der großen und gefährlichen Spannungen in dieser Welt –, daß die Völker aus der Geschichte des 20. Jahrhunderts gelernt haben und daß das geeinte Europa die Ursachen bewältigen wird, die zu den beiden Weltkriegen auf diesem Kontinent führten, unter Beibehaltung der Vielfältigkeit.

Budapest, im Frühling 2006   Dipl. Ing. István Tatár